本格的に
タイ語を
学び始める
前に。

10日で学ぶ
はじめてのタイ語

มือใหม่หัดเรียนภาษาไทยใน 10 วัน

難波江 ティチャー

ベレ出版

はじめに

สวัสดีค่ะ sa-wàt-dii khâ サワッ̀(ト)ディー カ̂　まず、この本を手に取っていただき、ありがとうございます。この本は、初めてのタイ語を気軽に学ぶ人のための本です。

私はこれまでタイ語を初めて学ぶ人のために、10回コースの「タイ語入門」を学校で教えてきました。この本は、そこで教えてきた内容を一冊の本にまとめ、10日間で完成することを目的に執筆されました。

この本は本格的にタイ語を学ぶ前段階の「入門書」として位置づけられていますが、旅行や出張など、タイに短期間滞在する人にも役立つよう、場面ごとによく使うフレーズを多く掲載しています。まずはフレーズを覚え、それから単語を入れ替えて言ってみることによって、タイ語が少しずつ身につくと思います。また、単語をうまく発音できない時には、指差しでも伝えられるよう工夫もしてあります。

タイ語の発音と単語を一気に覚えることは、難しいかもしれないですが、毎日少しずつ理解し、覚える、この積み重ねによって、基本的なコミュニケーションがとれるレベルまでタイ語能力を10日間で高めることは十分可能であると感じています。言語は使えば使うほど身につくので、挑戦してみましょう。

この本を終えた後、もっと本格的にタイ語の基礎を固めたい方は、拙著「みっちり学ぶ初級タイ語」を手に取っていただけますと幸いです。

最後に、この本の製作に関わった全ての方々に心より感謝申し上げます。

สายน้ำชุ่มฉ่ำเย็นละอองดาว　แพรวพราวผ่านผู้คนฤดูฟ้า
รักช่วยเหลือกำลังใจที่ไหลมา　ซาบซึ้งใจในเมตตาขอบคุณ

sǎay-nám chûm-chàm yen lá-ɔɔŋ daaw　phrɛɛw-phraaw phàan phûu khon rɯ́-duu fáa
rák chûay-lɯ̌a kam-laŋ-cay thîi lǎy maa　sâap-sɯ́ŋ cay nay mêet-taa khɔ̀ɔp-khun

サー̌イナ́(ム) チュ̂(ム)チャ̀(ム) イェン ラ́オーン ダーオ
プレェーオ プラーオ パー̀ン プー̂コン ル́ドゥー ファー́
ラ́ッ(ク) チュ̂ーワイ ルゥ̌ーワ ガ(ム)ランヂャイ ティー̂ ラ̌イ マー
サー̂(プ) ス́ン ヂャイ ナイ メー̂ッ(ト)ター コォー̀(プ)クン

せせらぎの　光りを通し　人からの
愛と励まし　感謝感動

難波江ティチャー

本書の使い方

本書の特徴

1. タイ語の基本を初めてかつ気軽に学べる10回コースの「タイ語入門書」です。
2. 短期間の学習でタイ語をすぐ話せるように、場面による様々なフレーズを掲載しています。
3. ただフレーズをそのまま真似て覚えるだけではなく、タイ語の基本を理解しながら単語を置き換え自分で文章を作れるように、各課の最後に練習問題（クイズ）を用意しているので、理解度を確認しながら、楽しく学習を進められます。
4. 実際にフレーズや単語の使い方を想起しやすいイラストをふんだんに挿入しています。
5. タイ文字だけではなく、全体を通して発音記号とカタカナ読みも表記してあります。
   ただし、カタカナ読みでは発音記号のようなタイ語の正確な発音はできません。

対象者

主な対象者は、タイ語に興味があり、学習、出張、旅行、趣味など、気軽に短期間でタイ語の基本や必要な表現を身に付けたい人です。

構成

冒頭の「タイ語の特徴」、「タイ語の文字」と本文のレッスン「１日目」から「１０日目」で構成されています。各レッスンの最後にはクイズとコラムがついています。また、この他に、音声がついています。

学習の進め方

1. まずは冒頭の「タイ語の特徴」を読み、タイ語のおおまかな作りを把握しましょう。
2. さらに興味がある方は、「タイ語の文字」に挑戦してタイ文字を書いてみましょう。
3. １日１つのレッスンを目標に、各レッスンを読み進めましょう。最初に、各レッスンの表紙にある「考えてみよう」の内容を考えてから、基本のフレーズを理解し、覚えた後、様々な単語や表現に置き換え練習しましょう。
4. 音声マークがあるところは、音声を聞いて発音を練習しましょう。
5. 短期間で全部の単語を覚えなくとも、少なくとも基本のフレーズだけを覚えて、残りの単語は必要な時に指で指して相手に伝えてもよいです。
6. 「１日目」から始めるのがお勧めですが、必要に応じて、どのレッスンから始めてもよいです。
7. 各レッスンの最後では、理解の確認のため、クイズを解いてみましょう。クイズには難易度のレベルとして☆が1～5までふられています。できないところを再学習して覚えましょう。
8. クイズは会話としてそのまま真似し、覚えてもよいです。
9. 興味があれば、コラム「なるほど・ざ・タイ」を読み、タイの文化への理解を深めていただければと思います。

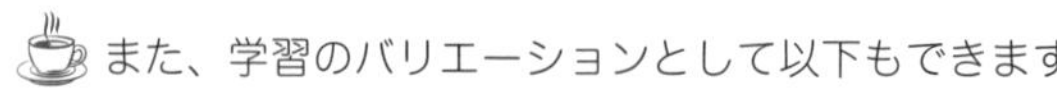
また、学習のバリエーションとして以下もできます。

①10日間頑張って学ぶ人は → 基本フレーズを理解し覚え、クイズをやる

②もっと挑戦したい人は → 単語を入れ替えて、表現を増やし、発音を練習する

③三日坊主の人や急いでいる人は → 音声でクイズの会話を聞き、そのまま真似てフレーズと単語を指差し！

先生の進め方

様々な教え方がある中、この本に合う教え方を紹介します。

1. 各レッスンの表紙にある「考えてみよう」を考えさせてから、フレーズの使い方や文法を説明し、単語を入れ替えて生徒が自分で表現できるようお手伝いする。

2. 各レッスンの最後にある「フレーズのまとめ」を使って、日本語とタイ語の意味を一致させるゲームなどを行なったり、生徒と一緒に各レッスンの学習内容をまとめたりする。

3. 各レッスンの最後にあるクイズを生徒に解かせてから、単語を入れ替えて練習させる。

その他、クイズを使って会話の練習やテストもできます。また、習得度を測るために、フレーズの使い方や単語のテストを行なうこともおすすめです。

สำหรับครูผู้สอน

ในวิธีการเรียนการสอนที่มีอยู่หลายวิธี

ขอแนะนำการเรียนการสอนที่เข้ากับหนังสือเล่มนี้ดังต่อไปนี้

1.ให้นักเรียนฝึกคิดก่อนขึ้นบทเรียนแต่ละบทเรียนว่ามีประโยคหรือคำใดบ้างที่เกี่ยวกับบทเรียนนั้น จากนั้นครูอธิบายการใช้ประโยคคำหรือไวยากรณ์ รวมทั้งช่วยเหลือนักเรียนให้สามารถสร้างประโยคได้ด้วยตนเองโดยการใช้วิธีเปลี่ยนคำศัพท์ต่างๆ

2.ใช้บทสรุปส่วนท้ายของแต่ละบทเรียนมาประยุกต์เป็นเกมจับคู่ระหว่างภาษาญี่ปุ่นกับภาษาไทย เป็นต้น
หรือนำมาเป็นบทสรุปที่สรุปพร้อมกับนักเรียน

3.เมื่อให้นักเรียนทำแบบฝึกหัดท้ายบทแล้ว ให้นักเรียนเปลี่ยนไปใช้คำศัพท์อื่นๆในการฝึกฝนด้วย

นอกจากนี้ยังนำแบบฝึกหัดท้ายบทมาใช้เป็นแบบฝึกบทสนทนาและใช้เป็นแบบสอบบทสนทนาได้อีกด้วย สำหรับการวัดผลการเรียนการสอนสามารถใช้คำศัพท์หรือประโยคที่สอนมาทดสอบได้

主な登場人物

この本のイラストには以下の６人がよく登場します。
タイ人の名前は、タイ料理名や月名などと同じ発音ですが、ニックネームとして使っています。

けん君
日本人の男の子。
タイにホームステイに行っています。

トムヤム君
タイ人の男の子。
けん君の友達です。

グンちゃん
タイ人の女の子。
トムヤム君の友達です。

パクチーちゃん
タイ人の女の子。
グンちゃんの友達です。

サムリー君
タイ人の男の子。
グンちゃんの先輩です。

メーサー君
タイ人の男の子。
サムリー君の友達です。

注意点

1. 日本語訳には、タイ語表現を理解するため、直訳となり、不自然な日本語となっているものもあります。

2. 発音記号には、一つの単語であることが分かるように、音節と音節の間に「-」を置いています。例、ที่ไหน thîi-nǎy

3. タイの習慣では、親しい間柄、友達同士などでは丁寧な語尾を文末に付けないことが多いですが、本書では、丁寧な語尾の使い方に慣れるために付けている場合が多いです。

4. タイ語の音には文語と口語がありますが、本書では、自然な会話ができるよう発音記号には口語の音を使っています。

目次

タイ語の特徴 …… 10
タイ語の文字 …… 13
音声ダウンロード方法 …… 08

1日目　毎日使う言葉
挨拶をする …… 24
丁寧な語尾を使う …… 25
お礼を言う …… 26
柔和な言葉で関係を結ぶ …… 27
お詫びする …… 28
相手の名前を言う …… 29
「はい、いいえ」を答える …… 29
お別れの時 …… 30
再会の時 …… 31
フレーズのまとめ …… 32
クイズ1　挨拶表現 …… 33

2日目　タイを散歩する
行きたい場所を伝える …… 38
タクシーに乗る …… 40
場所を聞く …… 41
場所を教える …… 42
方向を聞く …… 45
フレーズのまとめ …… 46
クイズ2　場所の尋ね方と答え方 …… 46

3日目　食を楽しむ
これは何？ …… 54
〜はいる？ / ある？ …… 56
注文しよう …… 58
数字の数え方 …… 60
〜をさせてください …… 61
お会計を頼む …… 62
フレーズのまとめ …… 64
クイズ3　料理の注文 …… 65

4日目　買い物を楽しむ
売っている場所を探す …… 74
買いたいものを伝える …… 75
試す許可を求める …… 76
他のものを探す …… 78
「より〜なもの」を探す …… 79
生産地を聞く …… 81
他のは〜 …… 83
値段を交渉する …… 85
決める …… 86
フレーズのまとめ …… 87
クイズ4　買い物 …… 88

5日目　乗り物を楽しむ
行き方を尋ねる …… 96
手段を教える …… 97
この乗り物は○○（場所）へ行く？ …… 98
この乗り物はどこへ行く？ …… 99
切符を買う …… 101
かかる時間を聞く …… 103
何時に出発する？ …… 104
時刻の数え方 …… 105
フレーズのまとめ …… 108
クイズ 5-1 出発しよう …… 109
クイズ 5-2 今何時？ …… 110

6日目　カルチャーを楽しむ
予約する …… 116
予約を伝える …… 118
1人あたりいくら？ …… 120
何人？ …… 121
お願いする …… 122
フレーズのまとめ …… 125
クイズ6　予約する …… 156

7日目　日常生活を楽しむ

曜日 …… 136
日 …… 138
月 …… 139
季節 …… 142
天気 …… 144

フレーズのまとめ …… 145
クイズ 7-1　日にち …… 146
クイズ 7-2　天気 …… 147

8日目　心に残る自己紹介

名前の自己紹介 …… 154
国籍の自己紹介 …… 156
職業の自己紹介 …… 158
好みや趣味の自己紹介 …… 160
嬉しいことを伝える …… 161
フレーズのまとめ …… 162
クイズ８　自己紹介 …… 163

9日目　タイ人と友達になる

来た目的を伝える …… 172
滞在する期間を伝える …… 173
泊まっている場所を伝える …… 174
経験を伝える …… 175
誘う …… 177
意見を聞く …… 179
比較して意見を言う(すすめる) …… 180
フレーズのまとめ …… 181
クイズ９　目的の尋ね方と勧誘 …… 182

10日目　気持ちを伝える

具合を伝える …… 188
呼応して相手の意見を聞く …… 190
注意する …… 192
色々な質問をする …… 194
お祝いする …… 195
フレーズのまとめ …… 198
クイズ１０－１　気持ちを伝える …… 199
クイズ１０－２　ストーリーを作ろう …… 200

なるほど　ざ・タイ

Day 1　曜日に合う色 …… 34
Day 2　曜日と性格 …… 48
Day 3　縁起の良い日にち …… 68
Day 4　縁起の良い数字 …… 90
Day 5　夢 …… 112
Day 6　お化け …… 130
Day 7　神様と聖なるもの …… 148
Day 8　お守り …… 166
Day 9　物事の決め方 …… 184
Day 10　縁起の良いお菓子 …… 202

付録　学習達成度チェックリスト

音声ダウンロード方法

① パソコンで「ベレ出版」ホームページ内『10日で学ぶ はじめてのタイ語』の詳細ページへ。「音声ダウンロード」ボタンをクリック。

② 8ケタのコードを入力してダウンロード。

ダウンロード　**gfQzyT6G**

＜注意＞ スマートフォン、タブレットからのダウンロード方法については、小社では対応しておりません。

＊ ダウンロードされた音声はMP3形式となります。zipファイルで圧縮された状態となっておりますので、解凍してからお使いください。

＊ zipファイルの解凍方法、MP3携帯プレーヤーへのファイル転送方法、パソコン、ソフトなどの操作方法については、メーカー等にお問い合わせくださるか、取り扱い説明書をご参照ください。小社での対応はできかねますので、ご了承ください。

スマートフォン・タブレットからのダウンロード

abceed
AI英語教材エービーシード

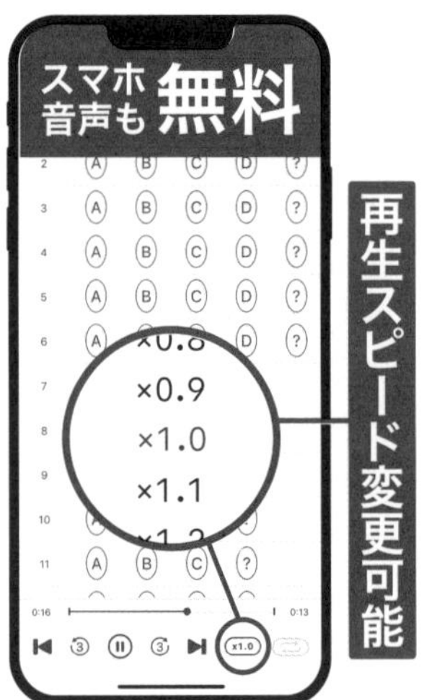

ご利用の場合は、下記のQRコードまたはURLより
スマホにアプリをダウンロードしてください。

https://www.abceed.com
abceedは株式会社Globeeの商品です。

＊ 以上のサービスは予告なく終了する場合がございます。
音声の権利・利用については小社ホームページ内「よくある質問」にてご確認ください。

タイ語を勉強するにあたって、タイ語とはどういう言語なのか、日本語との違いは何かなどをまず理解すれば、勉強がはかどります。タイ語の特徴を見てみましょう。

タイ語とは

タイ語は、語形変化や助詞がなく、音と語順を大切にしている言語です。

1. 音がとても大事

タイ語の音は、およそ「①子音＋②母音＋③声調＋④末子音」で作られています。

①	②	③	④
子音は「m n p」などの音です。	母音は「a i u e o」などの音です。	声調とは音の抑揚のことです。	末子音には「k n t」などの９つの音があり、単語の最後に来ます。
子音の音には「真ん中の音」「高音」「低音」があります。	母音の音には「短母音」「長母音」「二重母音」があります。	５つの音があります。	日本語の「ん」にあたります。

これらの音を組み合わせて、タイ語の音を出します。

声調は日本語にはありませんが、声調が変わると単語の意味も変わります。そのため、タイ語では音がとても大事になります。

タイ語を読む時は、発音記号にある声調記号「a à â á ǎ」を意識して発音しましょう。

声調音	0	1	2	3	4
高			高いから低くする⤵ ป้า pâa パ̂ー おばあさん		
				高い ↗ ป๊า páa パ́ー	
中	真ん中 → ปา paa パー 投げる				
					低いから高くする⤴ ป๋า pǎa パ̌ー
低		低い → ป่า pàa パ̀ー 森			

2. 語順が大事

日本語では語順が変わっても意味が大体通じますが、タイ語では全く違う意味になってしまいます。理由は､日本語には｢テニヲハ｣などの助詞があるからです。タイ語には助詞がありません。そのため、語順で意味が決まります。

①	ฉัน	กิน	ข้าว	②	ข้าว	กิน	ฉัน
	chǎn	kin	khâaw		khâaw	kin	chǎn
	チャン	ギン	カーオ		カーオ	ギン	チャン
	私	食べる	ご飯		ご飯	食べる	私
	私はご飯を食べる。				ご飯は私を食べる。		

①の主語は「私」ですが、②の主語は「ご飯」です。日本語は語順が変わっても助詞があれば意味が通じますね。

タイ語の文型

タイ語の文型の基本は「主語 s ＋動詞 v（+ 目的語 o)」です。

日本語	タイ語
「主語　(+ 目的語) + 動詞」	「主語 + 動詞 (+ 目的語)」
s　(o)　v	s　v　(o)

また、修飾語の位置は日本語と逆で「被修飾語＋修飾語」の順になります。

日本語	タイ語
「修飾語 + 被修飾語」	「被修飾語 + 修飾語」
adj　noun	noun　adj

タイ語の文型の例を見てみましょう。

主語 S	動詞 V	目的語 O	修飾語 adj	
ฉัน chǎn チャン 私	กิน kin ギン 食べる	ผลไม้ phǒn-la-máay ポンラ・マーイ 果物		私は果物を食べる。
ฉัน chǎn チャン 私	กิน kin ギン 食べる	ผลไม้ phǒn-la-máay ポンラ・マーイ 果物 ↘ タイの	ไทย thay タイ タイ ↙ 果物	私はタイの果物を食べる。

3. 語形に変化がない

現在、過去、未来にかかわらず、語形変化がありません。その代わり、時制を意味する単語を使います。

昨日 เมื่อวาน [mûa-waan] ムゥ̂ーワワーン	ご飯を食べた。 กินข้าว [kin khâaw] ギンカ̂ーオ
今日 วันนี้ [wan-níi] ワンニ́ー	ご飯を食べる。 กินข้าว [kin khâaw] ギンカ̂ーオ
明日 พรุ่งนี้ [phrûŋ-níi] プル̂ンニ́ー	ご飯を食べる。 กินข้าว [kin khâaw] ギンカ̂ーオ

4. 日常会話、敬語、式典用語などの言葉の使い分けがある

タイ語は日本語と同じように場面や相手の立場によって用いる言葉が変わります。
タイ語の言葉の使い分けには５つのランクあります。その中に敬語も含まれます。

会話のランク	親しい間柄	一般の会話	セミフォーマル	フォーマル	式典用語
一人称の例	自分の名前など	เรา raw ラオ など 私	ผม/ดิฉัน phǒm/di-chán ポ̌(ム)/ディチャ́ン など 私	ผม/ดิฉัน phǒm/di-chán ポ̌(ム)/ディチャ́ン など 私	ข้าพเจ้า khâa-pha-câw カ̂ーパ・ヂャ̂オ など わたくし
動詞の例	กิน kin ギン など 食う・食べる	กิน kin ギン 食べる	ทาน thaan ターン 食べる	รับประทาน ráp pra thaan ラ́ッ(プ) プラターン 召し上がる・いただく	รับประทาน ráp pra thaan ラ́ッ(プ) プラターン 召し上がる・いただく

5. 類別詞がある

類別詞とは名詞の種類に応じて用いられる単語で、日本語の助数詞「～つ、～個」と似ています。タイ語には類別詞を使う表現が多いです。

1皿 1 จาน nɯ̀ŋ caan ヌ̀ン ヂャーン	2人前 2 ที่ sɔ̌ɔŋ thîi ソ̌ーン ティ̂ー

学習のポイント：タイ語は正しい語順と発音ができればほぼ通じるので
「フレーズを覚える→音を練習する→単語を置き換える」を繰り返しましょう。

由来

タイ語の文字は、700年以上前の仏暦1826年（西暦1283年）に、スコータイ王朝第3代王のラームカムヘーン王が、当時のインド系文字を基にタイ語に適する形で発明したものに由来します。

種類

日本語の文字は、「ひらがな　カタカナ　漢字」の３種類に分けられますが、

タイ語の文字は、「①子音字　②母音記号　③声調記号　④数字」の４種類に分けられます。

日本語との主な違い

タイ文字と日本語の文字との主な違いは、日本語のかなは一つの文字が一つの音節を表す「音節文字」であるのに対し、タイ文字は文字が組み合わさって一つの音節を表す「音素文字」であるということです。

例）

日本語（音節文字）	タイ語（音素文字）
や y+a = ya ヤ 一つの文字で「子音の音［ y ］と母音の音［ a ］」が合わさった一音節「や」になります。	子音字 ＋ 母音記号 ＝ 音節 ม　า　มา m　aa　maa モー　アー　マー 「子音字 ม［ m ］と母音記号 า[aa]」が合わさって、一音節「มา [maa] マー」になります。

そのため、タイ文字は読む時には「子音＋母音」の組み合わせを作る必要があります。

母音記号を置く位置には、子音の上・下・前・後に置く８つのパターンがあります。

① 後	② 上	③ 下	④ 前	⑤ 両側	⑥ 両側と上	⑦ 後と上	⑧ 前と上
○□	□ ○	○ □	□○	□○□	□ □○□	□ ○□	□ □○

○は子音

□は母音

子音：子音字は、母音「ɔɔ オー」の音を添えて呼びます。例えば、英語のアルファベットでは、B(b＋i　ビー)、K(k ＋ e　ケー) など母音をつけて読んでいますが、同様にタイ語では B（b + ɔɔ オー　ボー）、K(k + ɔɔ　オー　ゴー) などと呼びます。

また、同じ音で複数の文字があるものもあるため、区別できる代表的な名詞を使って呼びます。(例えば、日本語で「ありのあ」「いぬのい」というように、タイ語では「水牛のコー」「鐘のコー」と呼びます。)

母音：タイ語の母音は２１音あります。

母音には短く終わる短母音と、伸ばした長母音、母音が2つ並んだ二重母音があります。

タイ文字とカナ５０音の対応表を使って、そのまま日本語の音で読んでみましょう。

短母音 子音	ア ◌ะ a	イ ◌ิ ì	ウ ◌ุ ù	エ เ◌ะ è	オ โ◌ะ ò
kh ค	カ คะ khá	キ คิ khí	ク คุ khú	ケ เคะ khé	コ โคะ khó
s ซ/ช	サ ซะ sa	シ ชิ shí	ス ซุ sú	セ เซะ sé	ソ โซะ só
t ท	タ ทะ tha	チ ชิ chí ＊	ツ ทซึ thsɯ́	テ เทะ thé	ト โทะ thó
n น	ナ นะ ná	ニ นิ ní	ヌ นุ nú	ネ เนะ né	ノ โนะ nó
h ฮ	ハ ฮะ há	ヒ ฮิ hí	フ ฮุ hú	ヘ เฮะ hé	ホ โฮะ hó
m ม	マ มะ ma	ミ มิ mí	ム มุ mú	メ เมะ mé	モ โมะ mó
y ย	ヤ ยะ ya		ユ ยุ yú		ヨ โยะ yó
r ร	ラ ระ ra	リ ริ rí	ル รุ rú	レ เระ ré	ロ โระ ró
w ว	ワ วะ wá				ヲ โอะ ò
n น	ン น n				

＊「チ」はタイ語では「シ」に近い音です。

＊「ズ」と「ヅ」はタイ語では「ス」に近い音です。

短母音 / 子音	ア ◌ะ a	イ ◌ิ ì	ウ ◌ุ ù	エ เ◌ะ è	オ โ◌ะ ò
k ก	ガ กะ ka	ギ กิ kí	グ กุ kú	ゲ เกะ ké	ゴ โกะ kó
s ซ/จ	ザ ซะ sa	ジ จิ sí	ズ ซุ sú＊	ゼ เซะ sé	ゾ โซะ só
d ด/ซ	ダ ดะ da	ヂ จิ cí	ヅ ซุ sú＊	デ เดะ dé	ド โดะ dó
b บ	バ บะ ba	ビ บิ bí	ブ บุ bú	ベ เบะ bé	ボ โบะ bó
ph พ	パ พะ pha	ピ พิ phí	プ พุ phú	ペ เพะ phé	ポ โพะ phó

母音を伸ばした音（長母音）を読んでみましょう。

長母音 / 子音	アー ◌า aa	イー ◌ี ii	ウー ◌ู uu	エー เ◌ ee	オー โ◌ oo
m ม	マー มา maa	ミー มี mii	ムー มู muu	メー เม mee	モー โม moo
k ก	ガー กา kaa	ギー กี kii	グー กู kuu	ゲー เก kee	ゴー โก koo

この他にも、母音と子音が合わさった音や二重母音などがあります。

母音 / 子音	アム ◌ำ am	アイ ไ◌ ay	アウ เ◌า aw	アン ◌ัน an	イアウ เ◌ียว iaw
m ม	マム มำ mam	マイ ไม may	マオ เมา maw	マン มัน man	ミィーアウ เมียว miaw
k ก	ガム กำ kham	ガイ ไก khay	ガオ เกา khaw	ガン กัน khan	ギィーアウ เกียว khiaw

次はなぞって書いてみよう

書き順は左から右で、子音を書いてから母音を書きます。ただし、母音が左に来る場合、左から右の順を優先します。

短母音 子音	ア อะ a	イ อิ ì	ウ อุ ù	エ เอะ è	オ โอะ ò
kh ค	カ คะ khá	キ คิ khí	ク คุ khú	ケ เคะ khé	コ โคะ khó
s ซ/ช	サ ซะ sa	シ ซิ shí	ス ซุ sú	セ เซะ sé	ソ โซะ só
t ท	タ ทะ tha	チ ชิ chí ＊	ツ ทซึ thsɯ́	テ เทะ thé	ト โทะ thó
n น	ナ นะ ná	ニ นิ ní	ヌ นุ nú	ネ เนะ né	ノ โนะ nó
h ฮ	ハ ฮะ há	ヒ ฮิ hí	フ ฮุ hú	ヘ เฮะ hé	ホ โฮะ hó
m ม	マ มะ ma	ミ มิ mí	ム มุ mú	メ เมะ mé	モ โมะ mó
y ย	ヤ ยะ ya		ユ ยุ yú		ヨ โยะ yó
r ร	ラ ระ ra	リ ริ rí	ル รุ rú	レ เระ ré	ロ โระ ró
w ว	ワ วะ wá				ヲ โอะ ò
n น	ン น n				

短母音 / 子音	ア ◌ะ a	イ ◌ิ ì	ウ ◌ุ ù	エ เ◌ะ è	オ โ◌ะ ò
k ก	ガ กะ ka	ギ กิ kí	グ กุ kú	ゲ เกะ ké	ゴ โกะ kó
s ซ/จ	ザ ซะ sa	ジ จิ sí	ズ ซุ sú	ゼ เซะ sé	ゾ โซะ só
d ด/ซ	ダ ดะ da	ヂ จิ cí	ヅ ซุ sú	デ เดะ dé	ド โดะ dó
b บ	バ บะ ba	ビ บิ bí	ブ บุ bú	ベ เบะ bé	ボ โบะ bó
ph พ	パ พะ pha	ピ พิ phí	プ พุ phú	ペ เพะ phé	ポ โพะ phó

長母音 / 子音	アー ◌า aa	イー ◌ี ii	ウー ◌ู uu	エー เ◌ ee	オー โ◌ oo
m ม	マー มา maa	ミー มี mii	ムー มู muu	メー เม mee	モー โม moo
k ก	ガー กา kaa	ギー กี kii	グー กู kuu	ゲー เก kee	ゴー โก koo

母音 / 子音	アム ◌ำ am	アイ ไ◌ ay	アウ เ◌า aw	アン ◌ัน an	イアウ เ◌ียว iaw
m ม	マム มำ mam	マイ ไม may	マオ เมา maw	マン มัน man	ミィーアウ เมียว miaw
k ก	ガム กำ kham	ガイ ไก khay	ガオ เกา khaw	ガン กัน khan	ギィーアウ เกียว khiaw

日本語の単語をタイ文字で書いてみよう

上記の五十音対応表を使って、日本語の単語をタイ文字で書いてみよう。なお、多くの場合、日本語のカナの順にそのままあてはめるのではなく、タイ人にとってより発音しやすい形に変化する場合が多いです。特に短母音は長母音として発音する方がタイ人にとって楽です。まず、タイで有名な日本語の外来語を見てみましょう。（読み方を比較するため、上段に日本語のローマ字読み、下段にタイ語発音時のローマ字読みを記載します）

桜 sakura

(saagura)

sa は言いやすくするため長母音に変え、ku も gu の方が言いやすいので変えます。

ฮานาบิ

花火 hanabi

(haanaabi)

長母音の方が言いやすいので、haanaa になりました。

富士 fuji

(fuuji)

長母音の方が言いやすいので、fuu になりました。

โอซาก้า

大阪 osaka

(oosaagaa)

o と sa は長母音の oo と saa になりました。最後の ka は gaa になり、声調（トーン）も入れます。

ทตโตริ

鳥取 tottori

(tottoori)

変則的な書き方もあります。

ออนเซ็น

温泉 onsen

(onsen)

変則的な書き方もあります。

タイ人によく知られている日本語の単語を書いて練習しましょう。

คาราโอเกะ

カラオケ　karaoke

(kaaraaooge)

โออิชิ

おいしい　oishii

(ooishi)

ซูชิ

寿司　sushi

(suushi)

โอนิกิริ

おにぎり onigiri

(oonigiri)

ซูโม่

相撲　sumo

(suumoo)

วาซาบิ

わさび　wasabi

(waasaabi)

คาบูกิ

歌舞伎　kabuki

(kaabuugi)

กินซ่า

銀座　ginza

(ginzaa)

โตเกียว

東京　tokyo

(togyo)

เกียวโต

京都　kyoto

(gyoto)

ซามูไร

侍　samurai

(saamuurai)

โมจิ

餅　mochi

(moochi)

自分の名前をタイ文字で書いてみよう

タイ文字を初めて書く方へのおすすめは、自分の名前をタイ文字で書いてみることです。まず五十音対応表を使ってカナの順にタイ文字を書き、次に短母音は長母音に変換して書いてみましょう。ただし、末尾は短母音のままで終わることも多いです。

例）はやし　hayashi　ฮะยะชิ

短母音を長母音に変換する（この場合、末尾はそのまま）　haayaashi　ฮายาชิ

ชื่อ ○○ chûɯ チュ̂ー 名前は○○（自分の名前）。	ชื่อ
ชอบกิน ○○ chɔ̂ɔp kin チォ̂ー(プ) ギン ○○（日本語でも良い）を 食べるのが好き。	ชอบกิน
ผมรักคุณ phǒm rák khun ポ̌(ム) ラッ́(ク) クン 私（男性）はあなたのことが好き。	ผมรักคุณ
ขอบคุณ khɔ̀ɔp khun　コォ̀ー(プ) クン ありがとう。	ขอบคุณ
ข้าวมันไก่อร่อย khâaw-man-kày a-rɔ̀y カ̂ーオマンガ̀イ アロ̀イ カーオマンガイが美味しい。	ข้าวมันไก่อร่อย
วันนี้สบาย สบาย wan-níi sa-baay sa-baay ワンニ̂ー サバーイ サバーイ 今日はのんびりしている / 楽。	วันนี้สบาย สบาย

สุขุมวิท sù-khǔm-wít スˋク(ム) ウイˊッ(ト) 外国人特に日本人に 人気な住居の通り	สุขุมวิท
สยาม sa-yǎam サヤーˇ(ム) 原宿、渋谷のような若者が 集まる場所	สยาม
สีลม sǐi-lom スィˇーロ(ム) 新宿のようなオフィス街	สีลม
สะพานตากสิน sa-phaan tàak-sǐn サパーン ターˋ(ク) スィˇン チャオプラヤー川の対岸に渡る主要な橋	สะพานตากสิน
บางซื่อ baaŋ-sɯ̂ɯ バーン スーˆ 各地方に繋がるバスや電車の 大きなターミナル	บางซื่อ
จตุจักร cà-tu-càk ヂャˋトゥヂャˋッ(ク) 大型ウィークエンドマーケット 買い物に最高	จตุจักร

1日目

毎日使う言葉

สวัสดี [sa-wàt-dii]

サワッ̀(ト)ディーとタイ語で言えば
爽やかな１日が始まるはずです。

考えてみよう

毎日使うタイ語には何があるでしょうか？

1 基本の言葉

３つの基本の言葉「こんにちは」「ありがとう」「ごめんなさい」をタイ語で話せば、タイ人の心に届くでしょう！　さらに、「です、ます」という丁寧な表現を使えば、印象が良く、良い付き合いのスタートになります。

挨拶をする

สวัสดี
sa-wàt-dii
サワ̀ッ(ト)ディー

こんにちは。など

สวัสดี [sa-wàt-dii サワ̀ッ(ト)ディー] は一般的な挨拶表現として、１日中使えます。

一般に、目上の人や尊敬する人に対して สวัสดี [sa-wàt-dii サワ̀ッ(ト)ディー] を使う場合は、胸のあたりで蓮の花と同じ形で手を合わせ、相手へのお祝いと尊敬の気持ちを持ってお辞儀をし、挨拶します。これを「ワイ」と言います。日本と同様にお辞儀をする角度も相手との関係によって変わります。また、タイ語は日本語と同じように、上下関係など相手との関係により言葉遣いが変わります。友達同士では、ワイをせずに、สวัสดี [sa-wàt-dii サワ̀ッ(ト)ディー] とだけ言います。また、もっとカジュアルな言い方で หวัดดี [wàt dii ワ̀ッ(ト)ディー] なども使います。この他、友達の名前だけを言う場合もあります。

2 丁寧な語尾を使う

ค่ะ / ครับ
khâ / khráp
 カ̂ / クラ̕ッ(プ)
女性用 / 男性用

です。ます。はい。

日本語の丁寧な語尾「です」「ます」と似た表現で、会話の時に使います。また、呼応の「はい」としても使います。よく使う便利な表現です。

タイ語では女性と男性の言葉を使い分けています。質問の時、女性の丁寧な語尾の音はちょっと上がり、คะ [khá カ̕] になります。男性では上がりません。

友達同士では、丁寧な語尾 ค่ะ [khâ カ̂]、ครับ [khráp クラ̕ッ(プ)] を使いません。友達同士や親しい間柄で、特に女性では จ้ะ [câ チ̂ャ] を使う人もいます。

名前を名乗り自己紹介する時は〈ชื่อ+ ○○ +ค่ะ/ครับ [chʉ̂ʉ+ ○○ +khâ/khráp チュ̂ー ○○カ / クラ̕ッ(プ)]〉「名前は○○です」と言います。

例）ชื่อเคนครับ [chʉ̂ʉ kheen khráp チュ̂ー ケーン クラ̕ッ(プ)]「名前はけんです」

お礼を言う

ขอบคุณ
khɔ̀ɔp-khun
コォ̀ー(プ)クン

ありがとう。

感謝の気持ちを表す代表的な言葉です。
普通は丁寧な語尾 ค่ะ [khâ カ̂] / ครับ [khráp クラッ́(プ)] を入れて、丁寧な言い方として使います。

ขอบคุณค่ะ
khɔ̀ɔp-khun khâ
コォ̀ー(プ) クン カ̂
ありがとうございます。
ขอบคุณครับ
khɔ̀ɔp-khun khráp
コォ̀ー (プ) クン クラッ́ (プ)
ありがとうございます。

他にも感謝を表す言葉があり、相手との関係によって使い分けます。

一般的な使い方。 年上の人、友達に対して ขอบคุณมาก khɔ̀ɔp-khun mâak コォ̀ー(プ) クンマ̂ー(ク) 大変ありがとうございます。	友達、年下の人に対して ขอบใจ khɔ̀ɔp-cay コォ̀ー(プ) ヂャイ ありがとう。

柔和な言葉で関係を結ぶ

ไม่เป็นไร

mây-pen-ray
マ̂イペンライ

どういたしまして。大丈夫。
気にしないで。とんでもない。
遠慮しないで。安心して。

タイ人の国民的な口癖の一つで、様々な場面で使われます。日本人なら相手に謝る場面でも用いることがあり、その場合、「私のことを心配しないで」と相手を慰める気持ちで用います。
「大丈夫ですか?」と質問する時は、เป็นอะไรไหม [pen a-ray máy ペンアライマ́イ] 「大丈夫ですか?」です。

他の慰める言葉

ไม่ต้องคิดมาก mây tɔ̂ŋ khít mâak マ̂イト̂ンキッ(ト) マ̂ー(ク) 考えすぎないで。	ช่างมันเถอะ châŋ man thə̀ チ̂ャンマントゥ̀ 気にしないで。
ไม่ต้องเกรงใจ mây tɔ̂ŋ kreeŋ-cay マ̂イト̂ングレーンヂャイ 遠慮しないで。	ใจเย็นๆ cay yen yen ヂャイ イェン イェン 落ち着いて。

お詫びする

ขอโทษ

khɔ̌ɔ-thôot
コォートーッ（ト）

すみません。ごめんなさい。

謝罪したい時に使い、公式な場面以外では強調のニュアンス表現 นะ [ná ナ]「よ」「ね」と一緒に使うことが多いです。

ขอโทษครับ
khɔ̌ɔ-thôot khráp
コォートーッ(ト) クラッ(プ)
ごめんなさい。

ไม่เป็นไรจ้ะ
mây-pen-ray câ
マイペンライ ヂャ
大丈夫よ。

โทษที
thôot-thii
トーッ(ト)ティー
ちょっとごめん。

ไม่เป็นไร
mây-pen-ray
マイペンライ
大丈夫。

相手との関係や、謝罪の度合いに応じて、様々な表現を用います。

公式	通常	友達同士など
ขออภัยอย่างยิ่ง khɔ̌ɔ a-phay yàaŋ-yîŋ コォーアパイ ヤーンイン 誠に申し訳ございません。	ขอโทษ khɔ̌ɔ-thôot コォートーッ(ト) すみません。/ ごめんなさい。	โทษที thôot-thii トーッ(ト)ティー ちょっとごめん。
	ขอโทษนะ khɔ̌ɔ-thôot ná コォートーッ(ト) ナ すみませんよ / ね。 ごめんなさいよ / ね。	โทษ thôot トーッ(ト) すまん。 ごめん。

6

相手の名前を言う

คุณเคน
khun kheen
クンケン

けんさん。

相手の名前を呼ぶ時、丁寧な言い方は〈คุณ [khun クン]+○○(名前)〉「○○さん」です。親戚や親しい相手の場合は、คุณ [khun クン]「さん」を外して名前だけで呼びます。また、先生、医師、先輩など、自分より上の立場の場合は以下のような呼び名を付けて呼びます。

例）พี่เคน [phîi khen ピ^ケン] 「ケン先輩」
คุณหมอทานากะ [khunmɔ̌ɔ thaa-naa-ka クンモォˇー ターナーガ] 「田中先生（医師）」

「はい」「いいえ」を答える

ใช่
chây
チャ̂イ

はい、そうです。

ไม่ใช่
mây chây
マ̂イ チャ̂イ

いいえ、違います。

日常会話でよく使う表現です。様々な場面で使えるので便利です。

คุณเคน
khun kheen
クン ケーン
けんさん。
ครับ
khráp
クラ́ッ(プ)
はい。(呼応)
คุณต้มยำ
khun tôm-yam
クン ト̂(ム)ヤ(ム)
トムヤムさん。
ไม่ใช่ครับ
mây chây khráp
マ̂イチャ̂イ クラ́ッ(プ)
いいえ、違います。

お別れの時

แล้วเจอกันใหม่

lɛ́ɛw cəə kan mày
レェ́ーオヂューガンマ̀イ

また会いましょう。

別れの時の挨拶として、สวัสดี [sa-wàt-dii サワッ̀(ト)ディー] をよく使いますが、その前に別れの言葉を言うことが一般的です。目上の人に対して、または改まった場面では ขอตัวก่อน [khɔ̌ɔ tua kɔ̀ɔn コオ̌ートゥーワ ゴオ̀ーン] お先に失礼します」などを使います。友達同士では แล้วเจอกันใหม่ [lɛ́ɛw cəə kan mày レェ́ーオ ヂュー ガンマ̀イ] また会いましょう」などを使います。

注意 ลาก่อน [laa kɔ̀ɔn ラーゴオ̀ーン] という言葉があります。直訳すると、「さようなら」という意味です。この言葉は、恋人同士の別れの際に ลาก่อน [laa kɔ̀ɔn ラーゴオ̀ーン] 「永遠に別れる」「永遠にさよなら」という意味で使います。普通の別れには使いません。

ขอตัวก่อนครับ สวัสดีครับ
khɔ̌ɔ tua kɔ̀ɔn khráp sa-wàt-dii khráp
コオ̌ートゥーワ ゴオ̀ーン クラッ́(プ) サワッ̀(ト) ディークラッ́(プ)
お先に失礼します。さようなら。
เชิญครับ สวัสดีครับ
chəən khráp sa-wàt-dii khráp
チューンクラッ́(プ) サワッ̀(ト) ディークラッ́(プ)
どうぞ。さようなら。

相手との関係によって用いる別れの表現が変わります。友達同士では สวัสดี [sa-wàt-dii サワッ̀ディー] を使わず、別れの言葉だけを使うことが多いです。

ไปแล้วนะ pay lɛ́ɛw ná パイレェ́ーオナ́ もう行くね。	โชคดี chôok dii チョ̂ー(ク)ディー 幸運で。お元気で。	แล้วจะติดต่อไปนะ lɛ́ɛw ca tìt-tɔ̀ɔ pay ná レェ́ーオヂャティ̀(ト)トォ̀ーパイナ́ また連絡するよ。

再会の時

สบายดีไหม

sa-baay dii máy
サバーイディーマ́イ

元気？

再会した時の挨拶には、場面により様々な表現があります。「元気ですか？」は久しぶりに会う時によく使う表現です。

「元気ですか？」の質問に対する答えを３つ紹介します。

สบายดี sa-baay dii サバーイディー 元気。	เรื่อยๆ rûay rûay ルゥ̂ーワイ ルゥ̂ーワイ まあまあ。	ไม่ค่อยสบาย mây khɔ̂y sa-baay マ̂イ コ̂ィ サバーイ あまり元気ない。

道中で会う時や再会の時は、ไปไหนมา [pay nǎy maa パイ ナ̌イマー]「どこへ行って来た？」を挨拶表現としても使います。答え方は、ไปแถวนี้มา [pay thɛ̌w níi maa パイ テ̌ォ ニ́ー マー] この辺に行って来た」と適当に答えても大丈夫です。

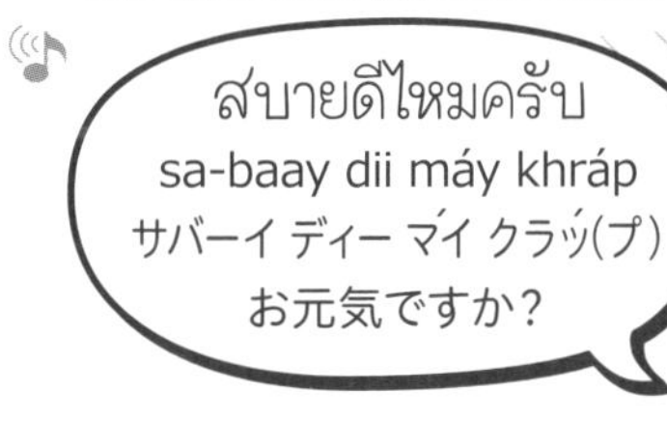

สบายดีไหมครับ
sa-baay dii máy khráp
サバーイ ディー マ́イ クラッ́(プ)
お元気ですか？
สบายดีค่ะ
sa-baay dii khâ
サバーイ ディー カ̂
元気です。

他によく使われる挨拶表現

เป็นยังไงบ้าง pen yaŋ ŋay bâaŋ ペン ヤン・ンガイ バ̂ーン どうですか？		กินข้าวแล้วหรือยัง kin khâaw lɛ́ɛw rʉ̌ʉ yaŋ ギン カ̂ーオ レェ́ーオ ルー̌ ヤン ご飯を食べた？ あるいはまだ？	
มาธุระเหรอ maa thú-rá rə̌ə マー トゥ́ラ ルー̌ 用事で来たの？ (単なる挨拶表現)	มาเที่ยวเหรอ maa thîaw rə̌ə マー ティ̂ーアオ ルー̌ 遊びに来たの？ (単なる挨拶表現)	กินแล้ว kin lɛ́ɛw ギン レェ́ーオ 食べた。	ยังไม่ได้กิน yaŋ mây dây kin ヤン マ̂イ ダ̂イ ギン まだ食べていない。

9

フレーズのまとめ

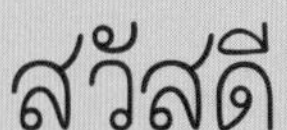

สวัสดี
sa-wàt-dii
サワッ̀(ト)ディー

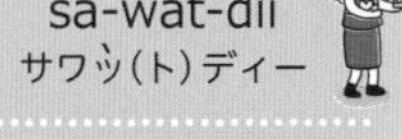

こんにちは。など

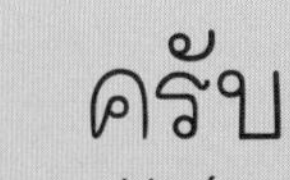

ครับ
khráp
クラッ́(プ)

です。ます。はい。(男性用)

ค่ะ
khâ
カ̂

です。ます。はい。(女性用)

ขอบคุณ
khɔ̀ɔp-khun
コォ̀ー(プ)クン

ありがとう。

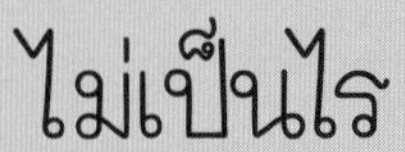

ไม่เป็นไร
mây-pen-ray
マ̂イペンライ

大丈夫。

ขอโทษ
khɔ̌ɔ-thôot
コォ̌ートー̂ッ(ト)

すみません。ごめんなさい。

ใช่
chây
チャ̂イ

はい、そうです。

ไม่ใช่
mây chây
マ̂イ チャ̂イ

いいえ、違います。

แล้วเจอกันใหม่
lɛ́ɛw cəə kan mày
レェ́ーオヂューガンマ̀イ

また会いましょう。

สบายดีไหม
sa-baay dii máy
サバーイディーマ́イ

元気ですか？

クイズ1 挨拶表現

レベル ★☆☆☆☆
25点

相手の言葉に対する正しい答えを１つ選んでください。

สวัสดีครับ
[sa-wàt-dii khráp]
サワッ̀(ト)ディー
クラッ́(プ)

1 A สวัสดีค่ะ
[sa-wàt-dii khâ]
サワッ̀(ト)ディー カ̂

B ขอโทษค่ะ
[khɔ̌ɔ-thôot khâ]
コオ̌ー トー̂ッ(ト) カ̂

C ขอบคุณค่ะ
[khɔ̀ɔp-khun khâ]
コオ̀ー(プ) クン カ̂

ขอโทษค่ะ
[khɔ̌ɔ-thôot khâ]
コオ̌ー トー̂ッ(ト)
カ̂

2 A ขอบคุณครับ
[khɔ̀ɔp-khun khráp]
コオ̀ー(プ) クン クラッ́(プ)

B ไม่เป็นไรครับ
[mây-pen-ray khráp]
マ̂イ ペン ライ クラッ́(プ)

C สวัสดีครับ
[sa-wàt-dii khráp]
サワッ̀(ト) ディー クラッ́(プ)

มาเที่ยวหรือครับ
[maa thîaw rɯ̌ɯ khráp]
マー ティ̂ーアオ ル̌ー
クラッ́(プ)

3 A ค่ะ มาเที่ยวค่ะ
[khâ maa thîaw khâ]
カ̂ マー ティ̂ーアオ カ̂

B ค่ะ กินแล้วค่ะ
[khâ kin lɛ́ɛw khâ]
カ̂ ギン レェ́ーオ カ̂

C ค่ะ ไม่เป็นไรค่ะ
[khâ mây pen ray khâ]
カ̂ マ̂イ ペン ライ カ̂

แล้วเจอกันใหม่
[lɛ́ɛw cəə kan mày]
レェ́ーオ ヂュー
ガン マ̀イ

4 A ขอโทษที
[khɔ̌ɔ-thôot thii]
コオ̌ー トー̂ッ(ト) ティー

B โชคดี
[chôok-dii]
チョ̂ー(ク) ディー

C ไม่เป็นไร
[mây pen ray]
マ̂イ ペン ライ

ขอบคุณค่ะ
[khɔ̀ɔp-khun khâ]
コオ̀ー(プ)
クン カ̂

5 A ไม่เป็นไรครับ
[mây pen ray khráp]
マ̂イ ペン ライ クラッ́(プ)

B ขอโทษครับ
[khɔ̌ɔ-thôot khráp]
コオ̌ー トー̂ッ(ト) クラッ́(プ)

C สบายดีครับ
[sa-baay dii khráp]
サバーイ ディー クラッ́(プ)

なるほど・ざ・タイ ❶ 曜日に合う色

●この曜日は何色？

タイでは曜日に色があります。その色は、インドのヒンドゥー教の曜日ごとの神様の体の色に由来します。日曜日は赤色、月曜日は黄色、火曜日はピンク、水曜日は緑色、木曜日はオレンジ色、金曜日は青色、土曜日は紫色です。

●曜日によって何色の服を着たら良い？

さらに、ラーマ２世時代（仏暦 2364 年、西暦 1821 年）に作られた、貴族を正しい生活へ導く教えの สวัสดิรักษา [sa-wàt-dì rák-sǎa サワッ̀(ト)ディ̀ラッ́(ク)サ ̌ー] という詩でも、曜日と色の相性の説明がなされています。この詩は、タイの人間国宝スントンプー氏の作品です。その教えに基づいて、昔の貴族や武士は、幸運がもたらされるよう曜日によって服の色を変えました。それは２色を上下組み合わせで使います。

日曜日は濃い赤と緑

月曜日は薄めの黄色と赤みのあるピンク

火曜日は薄い紫色と黄緑

水曜日は深緑とオレンジみのある黄色

木曜日は草色の緑とオレンジみのある赤

金曜日は青色と黄色

土曜日は紫色と黄緑

現代でもタイのファッションにこの影響が残っていて、タイ人の服を見るとコントラスト色が強いことに気づくでしょう。あなたも気分転換で曜日によって服の色を変えてみたら、良いことがあるかも知れませんよ。

曜日に合う色

10

クイズ1 挨拶表現　解答

1 こんにちは。
สวัสดีครับ
sa-wàt-dii khráp
サワ̀ッ(ト) ディー クラ́ッ(プ)

Ⓐ こんにちは。
สวัสดีค่ะ [sa-wàt-dii khâ サワ̀ッ(ト) ディー カ̂]
B ごめんなさい。
C ありがとうございます。

---

2 ごめんなさい。
ขอโทษค่ะ
khɔ̌ɔ-thôot khâ
コォ̌ートー̂ッ(ト) カ̂

A ありがとうございます。
Ⓑ 大丈夫です。
ไม่เป็นไรครับ [mây pen ray khráp
マ̂イ ペン ライ クラ́ッ(プ)]
C こんにちは。

---

3 遊びに来ているのですか？
มาเที่ยวหรือครับ
maa thîaw rɯ̌ɯ khráp
マー ティ̂ーアオ ル̌ー クラ́ッ(プ)

Ⓐ はい、遊びに来ています。
ค่ะ มาเที่ยวค่ะ [khâ maa thîaw khâ
カ̂ マー ティ̂ーアオ カ̂]
B はい、食べました。
C はい、大丈夫です。

---

4 また会いましょう。
แล้วเจอกันใหม่
lɛ́ɛw cəə kan mày
レɛ́ーオ ヂュー ガン マ̀イ

A ごめんね。
Ⓑ 幸運で。
โชคดี [chôok-dii チョ̂ー(ク) ディー]
C 大丈夫。

---

5 ありがとうございます。
ขอบคุณค่ะ
khɔ̀ɔp-khun khâ
コォ̀ー(プ) クン カ̂

Ⓐ どういたしまして。
ไม่เป็นไรครับ [mây pen ray khráp
マ̂イ ペン ライ クラ́ッ(プ)]
B ごめんなさい。
C 元気です。

2日目
タイを散歩する

タイの街を散歩したら、
見慣れないものをたくさん発見し、
ワクワクした1日になるでしょう。

考えてみよう

行きたい場所をタイ語で
どのように伝えますか？

♪11 行きたい場所を伝える

อยากไป เมืองไทย

yàak pay ヤ̀ー(ク) パイ 行きたい

mɯaŋ-thay ムゥーワンタイ タイ

タイへ行きたい。

「〜へ行きたい、〜しに行きたい」と言いたい場合は、〈อยากไป [yàak pay ヤ̀ー(ク) パイ] +○○（場所・したいこと）」〉を使います。主語（私）は省略しています。

「〜へ行きたくない、しに行きたくない」と言いたい時、

ไม่อยากไป [mây yàak pay マ̂イヤ̀ー(ク)パイ] を使います。

อยากไปเชียงใหม่
yàak pay chiaŋ-mày
ヤ̀ー(ク)パイチェンマ̀イ
チェンマイへ行きたい。

อยากไปเที่ยวทะเล
yàak pay thîaw tha-lee
ヤ̀ー(ク)パイティ̂ーアオタレー
海へ遊びに行きたい。

อยากไปกินอาหารไทย
yàak pay kin aa-hǎan thay
ヤ̀ー(ク)パイギンアーハ̌ーンタイ
タイ料理を食べに行きたい。

ไม่อยากไปซื้อของ
mây yàak pay sɯ́ɯ khɔ̌ɔŋ
マ̂イヤ̀ー(ク)パイ ス́ーコ̌ーン
買い物へ行きたくない。

ไม่อยากไปโรงพยาบาล
mây yàak pay rooŋ pha-yaa-baan
マ̂イヤ̀ー(ク)パイローンパヤーバーン
病院へ行きたくない。

12 観光地

เชียงใหม่ chiaŋ-mày チェンマ̀イ チェンマイ	สุโขทัย sù-khǒo- thay ス̀コ̌ータイ スコータイ	กาญจนบุรี kaan-ca-ná-bu-rii ガーンチャナ́ブリー カンチャナブリ	อยุธยา a-yút-tha-yaa アユ́ッ(ト)タヤー アユタヤ	กรุงเทพฯ kruŋthêep グルンテ̂ー(プ) バンコク

ภูเก็ต phuu-kèt プーゲ̀ッ(ト) プーケット	สระบุรี sara-bu-rii サラブリー サラブリー	สมุย sa-mǔy サム̌イ サムイ	ตลาดน้ำ ta-làat náam タラ̀ーッ(ト) ナ́ー(ム) 水上マーケット	จตุจักร cà-tu-càk ヂャ̀トゥヂャ̀ッ(ク) ヂャトゥヂャック

アクティビティ

ล่องเรือ lɔ̂ɔŋ rɯa ロオ̂ーンルゥーワ ボートに乗る	ว่ายน้ำ wâay-náam ワ̂ーイナ́ー(ム) 泳ぐ	ทะเล tha-lee タレー 海	ภูเขา phuu-khǎw プーカ̌オ 山	เที่ยว thîaw ティ̂ーアオ 遊ぶ

ซื้อของ sɯ́ɯ khɔ̌ɔŋ ス́ー コオ̌ーン 買い物する	ตีกอล์ฟ tii kɔ́ɔf ティーゴオ́ー(フ) ゴルフをする	ขี่ช้าง khìi cháaŋ キ̀ー チャ́ーン 象に乗る	ดูหนัง duu nǎŋ ドゥー ナ̌ン 映画を観る	นวด nûat ヌウ̂ーワッ(ト) マッサージをする

タクシーに乗る

ไป สนามบิน

ไป	สนามบิน
pay	sa-nǎam-bin
パイ	サナ̌ー（ム）ビン
行く	空港

空港へ行く。

目的地を伝えたい時は、อยาก [yàak ヤ̀ー(ク)]「～したい」などを使わず、〈ไป [pay パイ] +○○（場所）〉「○○へ行く」だけを言います。

場所

สนามบิน
sa-nǎam-bin
サナ̌ー(ム)ビン
空港

ธนาคาร
tha-naa-khaan
タナー カーン
銀行

ไปรษณีย์
pray-sa-nii
プライサニー
郵便局

สถานีตำรวจ
sa-thǎa-nii tam-rùat
サタ̌ーニー タムルーワッ̀(ト)
警察署

โรงพยาบาล
rooŋ pha-yaa-baan
ローンパヤーバーン
病院

โรงแรม
rooŋ-rɛɛm
ローンレェーム
ホテル

วัด
wát
ワッ́(ト)
お寺

สถานีรถไฟ
sa-thǎa-nii rót fay
サタ̌ーニーロッ́(ト)ファイ
駅

สถานทูตญี่ปุ่น
sa-thǎan thûut yîi-pùn
サタ̌ーン トゥ̂ーッ(ト) イ̂ー プ̀ン
日本大使館

สวนสาธารณะ
sǔan sǎa-thaa-ra-ná
スゥ̌ーワンサ̌ーターラナ́
公園

★タイのタクシーは時間通りに車を返さないといけないレンタルであることが多いため、お客さんが目的地に行けない場合もあります。その場合、別のタクシーを探しましょう。

場所を聞く

ห้องน้ำ อยู่ที่ไหน

hɔ̂ŋ-náam ホ̂ンナ́ー(ム) お手洗い

yùu thîi-nǎy ユ̀ー ティ̂ーナ̌イ どこにある？

お手洗いはどこにある？

「どこ?」は ที่ไหน [thîi-nǎy ティ̂ーナ̌イ] と言います。会話では ที่ไหน [thîi-nǎy ティ̂ーナ̌イ] の ที่ [thîi ティ̂ー] をよく省略して อยู่ไหน [yùu nǎy ユ̀ーナ̌イ] と言うことが多いです。

「～にいる / ある」は อยู่ [yùu ユ̀ー] を使います。日本語のように「いる」「ある」の区別はなく、生物と無生物の両方に用います。

場所・人・物などを探す時には、〈○○ + อยู่ที่ไหน [yùu thîi-nǎy ユ̀ーティ̂ーナ̌イ]〉「○○はどこにある？」を使います。

「今どこにいる？」と聞きたい時は、ตอนนี้อยู่ที่ไหน [tɔɔn níi yùu thîi-nǎy トォーン ニ́ー ユ̀ーティ̂ーナ̌イ] と言います。

場所・お店

 ห้องน้ำ hɔ̂ŋ-náam ホ̂ンナ́ー(ム) お手洗い	 ร้านทำผม ráan tham phǒm ラ́ーン タ(ム) ポ̌(ム) 美容室	 ร้านหนังสือ ráan náŋ-sɯ̌ɯ ラ́ーンナ́ンス̌ー 本屋	 ร้านอาหารญี่ปุ่น ráan aa-hǎan yîi-pùn ラ́ーン アーハ̌ーン イ̂ープ̀ン 日本料理レストラン
 ร้านกาแฟ ráan kaa fɛɛ ラ́ーン ガーフェー コーヒーのお店	 บ้านของคุณ bâan khɔ̌ɔŋ khun バ̂ーン コォ̌ーン クン あなたの家	 ร้านขายยา ráan khǎay yaa ラ́ーン カ̌ーイヤー 薬局	 ร้านขายก๋วยเตี๋ยว ráan khǎay kúay-tǐaw ラ́ーン カ̌ーイ グ́ーアイティ̌ーアオ クイッティオ（米麺）のお店

場所を教える

ห้องน้ำ อยู่ที่โน่น

ห้องน้ำ	อยู่ที่โน่น
hɔ̂ŋ-náam	yùu thîi nôon
ホ̂ンナー́(ム)	ユー̀ ティー̂ ノー̂ン
お手洗い	あそこにある

お手洗いはあそこにある。

場所を教える時は、指示代名詞นี่ [nîi ニー̂]「こ」・นั่น [nân ナ̂ン]「そ」โน่น [nôon ノー̂ン]「あ」をよく使います。

「ここ・そこ・あそこにある / いる」

ที่ [thîi]	ที่นี่ [thîi nîi]	ที่นั่น [thîi nân]	ที่โน่น [thîi nôon]	ที่ไหน [thîi nǎy]
ティー̂	ティー̂ニー̂	ティー̂ナ̂ン	ティー̂ノー̂ン	ティー̂ナ̌イ
場所を一般的に指す	ここ	そこ	あそこ	どこ

ขอโทษครับ ห้องน้ำอยู่ที่ไหนครับ
khɔ̌ɔ-thôot khráp
hɔ̂ŋ-náam yùu thîi-nǎy khráp
コォ̌ートー̂ッ(ト) クラ́ッ(プ)
ホ̂ンナー́(ム)ユー̀ ティー̂ナ̌イ クラ́ッ(プ)
すみません。
お手洗いはどこにありますか？
ห้องน้ำอยู่ที่โน่นค่ะ
hɔ̂ŋ-náam
yùu thîi nôon khâ
ホ̂ンナー́(ム)ユー̀
ティー̂ノー̂ン カ̂
お手洗いは
あそこにあります。
ขอบคุณครับ
khɔ̀ɔp-khun khráp
コォ̀ー(プ)クン
クラ́ッ(プ)
ありがとうございます。

16 または「○○（位置や距離）にある / いる」、「○○（場所）にある / いる」などと答えてもよいです。

ซ้ายมือ	ขวามือ
sáay mɯɯ	khwǎa mɯɯ
サーイムー	クワームー
左側（左手）	右側（右手）

ใกล้กับ klây kàp グライガッ(プ)　に近い ไกลจาก klay càak グライヂャー(ク)　から遠い ข้าง khâaŋ カーン　隣 ติดกับ tìt kàp ティッ(ト) ガッ(プ)　傍 ตรงข้ามกับ troŋ khâam kàp トロン カー(ム) ガッ(プ)　の向かい	＋場所
ระหว่าง ra-wàaŋ ラワーン　の間	＋場所 A กับ [kàp] ガッ(プ) と＋場所 B

ชั้นบน
chán bon
チャンボン
上の階

ชั้นล่าง
chán lâaŋ
チャンラーン
下の階

ขอโทษค่ะ
ร้านหนังสืออยู่ชั้นไหนคะ
khɔ̌ɔ-thôot khâ
ráan nǎŋ-sɯ̌ɯ yùu chán nǎy khá
コォートーッ(ト) カ
ラーンナンスー ユー チャン ナイ カ
すみません。本屋さんは
どの階にありますか？
อยู่ชั้นบนครับ
yùu chán bon khráp
ユー チャンボン クラッ(プ)
上の階にあります。

คุณอยู่ที่นี่ [khun yùu thîi nîi クンユ̀ーティ̂ーニ̂ー] あなたはここにいます。

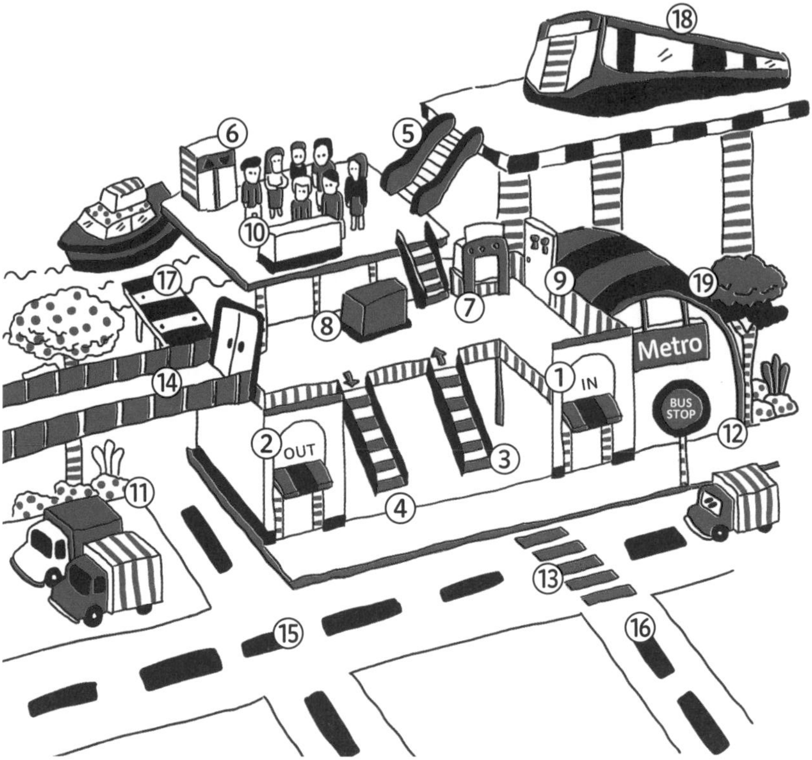

1 ทางเข้า thaaŋ-khâw ターンカ̂オ 入口

2 ทางออก thaaŋ-ɔ̀ɔk ターンオ̀ー(ク) 出口

3 ทางขึ้น thaaŋ-khʉ̂n ターンク̂ン 上り

4 ทางลง thaaŋ-loŋ ターンロン 下り

5 บันไดเลื่อน ban-day-lʉ̂an バンダイル̂ゥーワン エスカレーター

6 ลิฟต์ líf リ́ッフ エレベーター

7 ที่ขายตั๋ว thîi khǎay tǔa ティ̂ーカ̌ーイトゥ̌ーワ 切符売り場

8 ที่แลกเงิน thîi lɛ̂ɛk ŋən ティ̂ーレ̂ェー(ク)ングン 両替場

9 ห้องน้ำ hɔ̂ŋ-náam ホ̂ンナ́ー(ム) お手洗い

10 ศูนย์อาหาร sǔun aa-hǎan ス̌ーンアーハ̌ーン フードコート

11 ที่จอดรถ thîi cɔ̀ɔt rót ティ̂ーチョ̀ー(ト)ロ́ッ(ト) 駐車場

12 ป้ายรถเมล์ pâay rót-mee パ̂ーイロ́ッ(ト)メー バス停

13 ทางม้าลาย thaaŋ-máa-laay ターンマ́ーラーイ 横断歩道

14 สะพานลอย sa-phaan-lɔɔy サパーンロォーイ 歩道橋

15 สี่แยก sìi yɛ̂ɛk スィ̀ーイエ̂ー(ク) 交差点（十字路）

16 สามแยก sǎam yɛ̂ɛk サ̌ー(ム)イエ̂ー(ク) 交差点（T字路）

17 ท่าเรือ thâa rʉa タ̂ールゥーワ ボートの乗り場

18 รถไฟฟ้า rót fay-fáa ロ́ッ(ト) ファイ ファ́ー 電車

รถไฟใต้ดิน rót-fay tây-din ロ́ッ(ト) ファイタ̂イディン 地下鉄

方向を聞く

วัดโพธิ์ ไปทางไหน

wát-phoo ワッ(ト)ポー　pay thaaŋ-nǎy パイ ターンナイ

ワットポーへはどちら(どの方向)に行く？

知らない場所への方向を聞きたい時には、〈○○＋ไปทางไหน [pay thaaŋ-nǎy パイ ターンナイ]〉「○○へはどちらに行きますか？」と言います。返事は「こ・そ・あ」、「手段や方向」などで教えます。

ทาง thaaŋ ターン 方向を指す	ทางนี้ thaaŋ níi ターンニー こちら	ทางนั้น thaaŋ nán ターンナン そちら	ทางโน้น thaaŋ nóon ターンノーン あちら	ทางไหน thaaŋ nǎy ターンナイ どちら

指示代名詞は指示形容詞になると声調が変わります。

นี่ [nîi ニー]「これ」、นั่น [nân ナン]「それ」、โน่น [nôon ノーン]「あれ」は
นี้ [níi ニー]「この」、นั้น [nán ナン]「その」、โน้น [nóon ノーン]「あの」になります。

手段と方向で教える

動作　＋	方向・場所	
เดิน dəən ドゥーン　歩く ขับ khàp カッ(プ)　運転する	ตรงไป troŋ pay トロンパイ　真っすぐ	真っすぐ歩く 真っすぐ運転する
	เลี้ยวซ้าย líaw sáay リィーアオサーイ　左に曲がる	歩いて左に曲がる 運転して左に曲がる
	เลี้ยวขวา líaw khwǎa リィーアオクワー　右に曲がる	歩いて右に曲がる 運転して右に曲がる
ขึ้น khûn クン 上る 上がる	บันได ban-day バンダイ　階段	階段を上る 階段を下りる
ลง loŋ　ロン 下りる 降りる	ลิฟต์ líf　リッフ　エレベーター	エレベーターで上がる エレベーターで下りる

★ 文をつなげる時 แล้ว [lɛ́ɛw レェーオ]「〜してから…する」を使います。

例）ขึ้นบันไดแล้วเลี้ยวซ้าย [khûn ban-day lɛ́ɛw líaw sáay]
クン バンダイ レェーオ リィーアオ サーイ 「階段を上がってから左に曲がります」

ขอโทษครับ
วัดโพธิ์ไปทางไหนครับ
khɔ̌ɔ-thôot khráp
wát-phoo pay thaaŋ-nǎy khráp
コオートーッ(ト) クラッ(プ)
ワッ(ト)ポー パイ ターンナイ クラッ(プ)
すみません。ワットポーへは
どちらに行きますか？

เดินตรงไปแล้วเลี้ยวซ้ายค่ะ
dəən troŋ pay lɛ́ɛw líaw sáay khâ
ドゥーン トロンパイ レェーオ
リィーアオ サーイ カ
真っ直ぐ歩いてから、
左に曲がります。

フレーズのまとめ

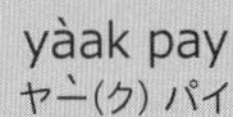

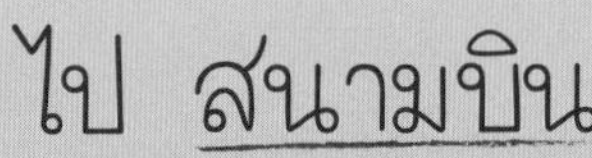

อยากไป เมืองไทย
yàak pay mɯaŋ-thay
ヤ̀ー(ク) パイ ムゥーワンタイ
タイへ行きたい。

ไป สนามบิน
pay sa-nǎam-bin
パイ サナ̌ー(ム)ビン
空港へ行く。

ห้องน้ำ อยู่ที่ไหน
hɔ̂ŋ-náam yùu thîi-nǎy
ホ̂ンナ́ー(ム) ユ̀ー ティ̂ーナ̌イ
お手洗いはどこにある？

ห้องน้ำอยู่ ที่โน่น
hɔ̂ŋ-náam yùu thîi nôon
ホ̂ンナ́ー(ム) ユ̀ー ティ̂ー ノ̂ーン
お手洗いはあそこにある。

วัดโพธิ์ ไปทางไหน
wát-phoo pay thaaŋ-nǎy
ワ́ッ(ト)ポー パイ ターンナ̌イ
ワットポーへはどちら（どの方向）に行く？

クイズ2 場所の尋ね方と答え方

レベル ★★☆☆☆
25点

相手の言葉に対する正しい答えを１つ選んでください。

1. 地図を見て、場所を1つ選び「すみません。○○に行きたいです。○○はどこにありますか？○○へはどちらに行きますか？」とタイ語で尋ねてみよう。（3点）

例：郵便局

ขอโทษค่ะ [khɔ̌ɔ-thôot khâ コオ̌ートー̂ッ(ト) カ̂]

อยากไปไปรษณีย์ค่ะ [yàak pay pray-sa-nii khâ ヤ̀ー(ク) パイ プライサニー カ̂] (1点)

ไปรษณีย์อยู่ที่ไหนคะ [pray-sa-nii yùu thîi-nǎy khá プライサニー ユ̀ー ティ̂ーナ̌イ カ́] (1点)

ไปรษณีย์ไปทางไหนคะ [pray-sa-nii pay thaaŋ-nǎy khá プライサニー パイターンナ̌イ カ́] (1点)

ソムタム屋台
クイッティオのお店
薬局
郵便局
コーヒーのお店
お手洗い

2. 以下の動作をタイ語で言ってみよう。（１０点）

1. 真っすぐ歩く。

2. 左に曲がる。

3. 右に曲がる。

4. 階段を上る。

5. エレベーターで下りる。

3. 上の地図を見て、以下の質問に位置(隣、近い、〜の間など)を使ってタイ語で答えてみよう。(12点)

1. ห้องน้ำอยู่ที่ไหนครับ
[hɔ̂ŋ-náam yùu thîi-nǎy khráp ホ̂ンナ́ー(ム) ユ̀ー ティ̂ーナ̌イ クラ́ッ(プ)]

2. ร้านขายส้มตำอยู่ที่ไหนครับ [ráan khǎay sôm-tam yùu thîi-nǎy khráp
ラ́ーン カ̌ーイ ソ̂(ム)タ(ム) ユ̀ー ティ̂ーナ̌イ クラ́ッ(プ)]

3. ร้านขายยาอยู่ที่ไหนครับ [ráan khǎay yaa yùu thîi-nǎy khráp
ラ́ーン カ̌ーイ ヤー ユ̀ー ティ̂ーナ̌イ クラ́ッ(プ)]

なるほど・ざ・タイ ❷ 曜日と性格

●生まれた曜日によって性格が分かる？

日本では血液型で性格などを占いますが、タイでは血液型ではなく、生まれた曜日で性格を占います。

タイでは子供が生まれる時、何日何曜日何時に生まれるかを気にします。それは、生まれた日と曜日と時間が、子供の運命に関わると信じられているからです。そのためカレンダーや占いなどでその子にとって良い日を決め、帝王切開で出産する親が多くいます。さらに赤ちゃんの名前を付ける際にも、生まれた曜日を参考にしながら付けます。生まれた後も、占いの時や、お寺でお祈りする仏像を選ぶ時のため、多くのタイ人は自分が生まれた曜日と時間を知っています。このように、生まれた曜日はタイ人にとって身近なものです。

生まれた曜日によってどんな性格になるのでしょうか。アユタヤ時代からある古い占い本 ตำราพรหมชาติ [tam-raa phrom-ma-châat タ(ム) ラー ホ(ム) マチャ̂ーッ(ト)] の内容を見てみましょう。

日曜生まれの人　リーダーシップがある、心が強い

月曜生まれの人　気が利く、言語能力が高い

火曜生まれの人　正直、一人で物事をやるのが好き

水曜生まれの人　勤勉 、こだわりがない

木曜生まれの人　我慢強い、責任感が強い、人を助ける

金曜生まれの人　人を惹き付ける、自分の世界を持つ

土曜生まれの人　賢い、決断力がある

●相性が良い曜日

日と木　月と水 (昼)　火と金　土と水 (夜)

あなたは何曜日に生まれましたか？知らない人は調べてみましょう。あなたの性格は占いと合っていますか？

曜日と性格

トムヤム君は
何曜日生まれ？
水曜日。
そうしたら、
勤勉な人だよね。
そうだよ。
あ、左右違う靴を
履いている！
こだわりも
ないんだね。

20

クイズ2　場所の尋ね方と答え方　解答

1.

例：郵便局 ไปรษณีย์ pray-sa-nii プライサニー

すみません、	ขอโทษค่ะ [khɔ̌ɔ-thôot khâ コォ̌ートーッ(ト)カ̂]
郵便局へ行きたいです。	อยากไปไปรษณีย์ค่ะ [yàak pay pray-sa-nii khâ ヤ̀ー(ク) パイ プライサニー カ̂]
郵便局はどこですか。	ไปรษณีย์อยู่ที่ไหนคะ [pray-sa-nii yùu thîi-nǎy khá プライサニー　ユ̀ー ティ̂ーナ̌イ カ́]
どうやって郵便局へ行きますか。	ไปรษณีย์ไปทางไหนคะ [pray-sa-nii pay thaaŋ-nǎy khá プライサニー パイターンナ̌イカ́]

2.

1. 真っすぐ歩く。
   เดินตรงไป [dəən troŋ pay ドゥーン トロン パイ]
2. 左に曲がる。
   เลี้ยวซ้าย [líaw sáay リィ́ーアオ サ́ーイ]
3. 右に曲がる。
   เลี้ยวขวา [líaw khwǎa リィ́ーアオ クワ̌ー]
4. 階段を上る。
   ขึ้นบันได [khɯ̂n ban-day ク̂ン バンダイ]
5. エレベーターで下りる。
   ลงลิฟท์ [loŋ líf ロンリッ́(フ)]

1. お手洗いはどこですか？ ห้องน้ำอยู่ที่ไหนครับ [hɔ̂ŋ-náam yùu thîi-nǎy khráp ホ̂ンナ́ー(ム) ユ̀ー ティ́ーナ̌イ クラ́ッ(プ)]	お手洗いは下の階にあります。(上の階にいる場合の会話) ห้องน้ำอยู่ชั้นล่างค่ะ [hɔ̂ŋ-náam yùu chán lâaŋ khâ ホ̂ンナ́ー(ム) ユ̀ー チャ́ンラ̂ーン カ̂]
2. ソムタムを売るお店はどこですか？ ร้านขายส้มตำอยู่ที่ไหนครับ [ráan khǎay sôm-tam yùu thîi-nǎy khráp ラ́ーン カ̌ーイ ソ̂(ム)タ(ム) ユ̀ーティ̂ーナ̌イ クラ́ッ(プ)]	ソムタムを売るお店はクイッティオを売るお店の隣にあります。 ร้านขายส้มตำอยู่ข้างร้านขายก๋วยเตี๋ยวค่ะ [ráan khǎay sôm-tam yùu khâaŋ ráan khǎay kúay-tǐaw khâ ラ́ーン カ̌ーイ ソ̂(ム)タ(ム) ユ̀ー カ̂ーン ラ́ーン カ̌ーイ グ́ーアイティ̌ーアオ カ̂]
3. 薬局はどこですか？ ร้านขายยาอยู่ที่ไหนครับ [ráan khǎay yaa yùu thîi-nǎy khráp ラ́ーンカ̌ーイ ヤー ユ̀ーティ̂ーナ̌イ クラ́ッ(プ)]	薬局はクイッティオを売るお店と郵便局の間にあります。 ร้านขายยาอยู่ระหว่างร้านขายก๋วยเตี๋ยวกับไปรษณีย์ค่ะ [ráan khǎay yaa yùu ra-wàaŋ ráan khǎay kúay-tǐaw kàp pray-sa-nii khâ ラ́ーン カ̌ーイヤー ユ̀ー ラワ̀ーン ラ́ーン カ̌ーイ グ́ーワイティ̌ーアオ ガ̀ッ(プ) プライサニー カ̂]

3日目
食を楽しむ

タイには世界的に有名な料理がいっぱいあります。
その他にも、市場にあふれる食を
探してみてください。
きっと世界が広がるでしょう。

考えてみよう

美味しそうなものを見つけたら、
どのように声をかけたらいいですか？

これは何？

นี่(คือ) อะไร

nîi khɯɯ　a-ray

ニ^ークー　アライ

これ(は)〜です　何？

これ（は）何？

知らない物を見つけた時に聞くフレーズです。ものを指す時は、นี่ [nîi ニ^ー]「これ」、นั่น [nân ナ^ン]「それ」、โน่น [nôon ノ^ーン]「あれ」と動詞の คือ [khɯɯ クー]「A=B です」を一緒に使います。

 会話では、動詞の คือ [khɯɯ クー]「A=B です」をよく省略して、นี่อะไร [nîi a-ray ニ^ー アライ]「これ何？」と言うことがほとんどです。文法として動詞が不要というわけではなく、省略をしているだけです。

นี่ (คือ) อะไรครับ
nîi (khɯɯ) a-ray khráp
ニ^ー(クー)アライ クラ´ッ(プ)
これ（は）何ですか？

นี่ (คือ) ขนมครกค่ะ
nîi (khɯɯ) kha-nǒm khrók khâ
ニ^ー(クー) カノ˅(ム) クロ´ッ(ク) カ^
これ（は）カノムクロックです。

ขนมครก..

เจ้าเก่า

タイのお菓子と飲み物

ขนมครก
kha-nǒm khrók
カノ̌(ム)クロッ́(ク)
米粉とココナッツの焼き菓子

กล้วยทอด
klûay thɔ̂ɔt
グルー̂アイ トォ̂ーッ(ト)
揚げバナナ

ข้าวต้มมัด
khâaw-tôm-mát
カー̂オ ト̂(ム) マッ́(ト)
もち米と蒸しバナナ

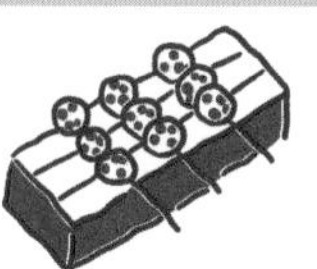

ลูกชิ้นปิ้ง
lûuk-chín pîŋ
ルー̂(ク) チ́ン ピ̂ン
焼き肉類団子(つみれ)

ลูกชิ้นทอด
lûuk-chín thɔ̂ɔt
ルー̂(ク) チ́ン トォ̂ーッ(ト)
揚げ肉類団子

ข้าวหลาม
khâaw-lǎam
カー̂オ ラー̌(ム)
竹筒で焼いたもち米

ขนมเบื้อง
kha-nǒm bûaŋ
カノ̌(ム) ブゥ̂ーアン
タイ式クレープ

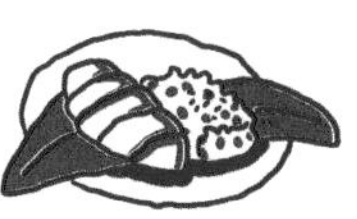

ข้าวเหนียวมะม่วง
khâaw-nǐaw ma-mûaŋ
カー̂オ ニィ̌ーアオ マムゥ̂ーワン
もち米とマンゴー

เฉาก๊วย
chǎw-kúay
チャ̌オ グー́ワイ
仙草ゼリー

ลอดช่อง
lɔ̂ɔt-chɔ̂ŋ
ロォ̂ーッ(ト) チョ̂ン
ココナッツスイーツかき氷

ชานมเย็น
chaa-nom-yen
チャーノ(ム)イェン
冷たいタイミルクティー

ชาเย็น
chaa-yen
チャー イェン
冷たいタイティー

โอเลี้ยง
oo-líaŋ
オーリィ́ーアン
タイコーヒー

น้ำ(เปล่า)
nám(-plàw)
ナ́(ム)(プラ̀オ)
お水

น้ำแข็ง
nám-khěŋ
ナ́(ム)ケ̌ン
氷

～はいる？／ある？

มี ไก่ย่าง ไหม
mii kày-yâaŋ máy
ミー ガイ・ヤ^ーン マ́イ
ある 焼き鶏 ～か

焼き鶏はある？

あるかないかを聞く時に、動詞 มี [mii ミー] を使います。疑問詞 ไหม [mǎy マ̌イ] と一緒に使うことが多いです。会話の時は [máy マ́イ] の発音になることが多いです。

〈มี [mii ミー]+ ○○ + ไหม [máy マ́イ]〉は「○○はありますか？/いますか？」と聞きたい時に使います。

答え方は、ある場合 มี [mii ミー]「ある」、ない場合 ไม่มี [mây mii マ̂イミー]「ない」になります。

疑問詞の ไหม [máy マ́イ] と否定の ไม่ [mây マ̂イ] は声調が異なりますので気をつけましょう。

มีแกงมัสมั่นไหมครับ
mii kɛɛŋ mát-sa-màn máy khráp
ミー ゲェーン マ́ッ(ト)サマ̀ン
マ́イ クラ́ッ(プ)
マッサマンカレーはありますか？
มีครับ
mii khráp
ミー クラ́ッ(プ)
あります。

มีข้าวซอยไหมครับ
mii khâaw sɔɔy máy khráp
ミー カ^ーオソォーイ
マ́イ クラ́ッ(プ)
タイ風カレーラーメンは
ありますか？
ไม่มีครับ
mây mii khráp
マ̂イミー クラ́ッ(プ)
ないです。

他の食事に関する表現

มีที่นั่งไหม mii thîi nâŋ máy ミー ティ^ーナ^ン マ́イ 席はありますか？	มีเมนูภาษาอังกฤษไหม mii mee-nuu phaa-sǎa aŋ-krìt máy ミー メーヌー パーサ̌ー アングリ̀ットマ́イ 英語のメニューはありますか？
มีอาหารไม่เผ็ดไหม mii aa-hǎan mây phèt máy ミー アーハ̌ーン マ̂イペ̀ッ(ト) マ́イ 辛くない料理はありますか？	มีอาหารแนะนำไหม mii aa-hǎan nɛ́-nam máy ミー アーハ̌ーン ネ́ェッナ(ム) マ́イ おすすめの料理はありますか？

24 おすすめの料理

ต้มยำกุ้ง
tôm-yam-kûŋ
ト(ム)ヤ(ム)グン
トムヤムクン

แกงเขียวหวาน
kɛɛŋ khǐaw wǎan
ゲェーン
キィーアオワーン
グリーンカレー

แกงมัสมั่น
kɛɛŋ mát-sa-màn
ゲェーン マットサマン
マッサマンカレー

ข้าวมันไก่
khâaw man kày
カーオマンガイ
カーオマンガイ

ปูผัดผงกะหรี่
puu phàt phǒŋ ka-rìi
プーパッ(ト) ポンガリー
蟹カレー炒め

ผัดไทย
phàt thay
パッ(ト) タイ
タイ風焼きそば

ราดหน้า
râat-nâa
ラーッ(ト)ナー
タイ風 あんかけ

ส้มตำ
sôm-tam
ソ(ム)タ(ム)
パパイヤサラダ

ข้าวเหนียว
khâaw nǐaw
カーオ ニィーアオ
もち米

ข้าว
khâaw
カーオ
ご飯 お米

ไก่ย่าง
kày yâaŋ
ガイヤーン
焼き鶏

ก๋วยเตี๋ยว
kǔay-tǐaw
グーアイ ティーアオ
クイッティオ（米麺）

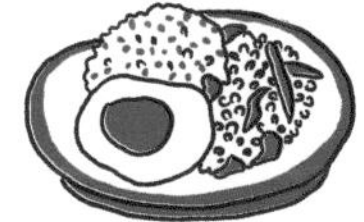

ข้าวผัดกะเพราไก่ไข่ดาว
khâaw phàt ka-phraw kày khày daaw
カーオ パッ(ト)ガプラオ
ガイ カイダーオ
ガッパオ（鶏バジル炒め）ライス
目玉焼き付き

ข้าวซอย
khâaw-sɔɔy
カーオ ソォーイ
タイ風カレーラーメン

สุกี้
sù-kîi
スギー
タイスキ

食を楽しむ

注文しよう

ขอ　ส้มตำ　1 จาน
khɔ̌ɔ　sôm-tam　nɯ̀ŋ caan
コォ̌ー　ソ̂(ム)タ(ム)　ヌ̀ンヂャーン
～をください　パパイヤサラダ　1皿

パパイヤサラダを1皿ください。

料理を注文する時は、ขอ [khɔ̌ɔ コォ̌ー]「～をください」を使います。他に เอา [aw アオ]「～にする」を使うこともできます。

語順は、日本語で書くと、「～をください / にする＋物＋数＋類別詞」です。

 類別詞とは

類別詞とは、名詞を表す時に一緒に用いる単語です。日本語の助数詞と似ています。タイ語ではよく類別詞が使われます。

料理に関する類別詞

お皿	จาน	caan	ヂャーン	人前	ที่	thîi	ティ̂ー
杯	ชาม	chaam	チャーム	袋	ถุง	thǔŋ	トゥ̌ン
コップ	แก้ว	kɛ̂ɛw	ゲェ̂ーオ	kg	กิโล	kìloo	ギ̀ロー
瓶	ขวด	khùat	クーアッ̀(ト)	箱	กล่อง	klɔ̀ŋ	グロ̀ン

数を入れたい時、その名詞に応じた類別詞と一緒に使います。いろいろありますが、料理を注文する時には、ที่ [thîi ティ̂ー]「人前」が便利です。

欲しいものが2つ以上ある場合、กับ [kàp ガッ̀(プ)]「～と」を使います。
その他、แล้วก็ [lɛ́ɛw kɔ̂ɔ レェ́ーオコォ̂ー]「それから」も使います。

食器

จานแบ่ง
caan bɛ̀ŋ
ヂャーン ベ̀ン
取り皿

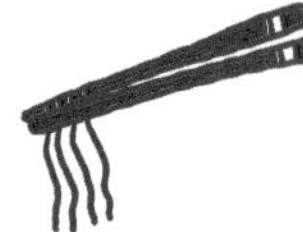

ตะเกียบ
ta-kìap
タギ̀ィーアッ(プ)
お箸

ช้อน
chɔ́ɔn
チォ́ーン
スプーン

ส้อม
sɔ̂m
ソ̂(ム)
フォーク

มีด
mîit
ミ̂ーッ(ト)
ナイフ

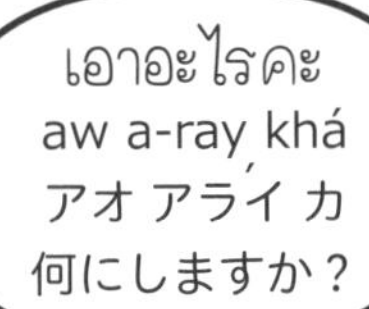

เอาอะไรคะ
aw a-ray khá
アオ アライ カ
何にしますか？

ขอส้มตำ 1 จานกับข้าวเหนียว 2 ที่
khɔ̌ɔ sôm-tam nɯ̀ŋ caan kàp khâaw-nǐaw sɔ̌ɔŋ thîi
コォー ソムタ(ム) ヌン ヂャーン ガッ(プ)
カーオニイーアオ ソォーン ティー
ソムタムを1つともち米を2つください。

แล้วก็ชานมเย็น 2 แก้ว
lɛ́ɛw-kɔ̂ɔ chaa-nom-yen sɔ̌ɔŋ kɛ̂ɛw
レェーオゴォー チャーノ(ム)イエン ソォーン ゲェーオ
それから冷たいミルクティーを2つください。

色々な味

อร่อย a-rɔ̀y アロイ 美味しい	กลมกล่อม klom-klɔ̀ɔm グロ(ム)グロォー(ム) まろやか	จืด cɯ̀ɯt ヂューッ(ト) 薄い	เลี่ยน lîan リイーアン 脂っこい	ใช้ได้ cháy dây チャイダイ いける(おいしい)*
หวาน wǎan ワーン 甘い	เผ็ด phèt ペッ(ト) 辛い	เปรี้ยว prîaw プリーアオ 酸っぱい	เค็ม khem ケ(ム) しょっぱい	เฉยๆ chə̌əy chə̌əy チューイチューイ 普通 **

否定を言いたい場合は、動詞または形容詞の前に ไม่ [mây マイ] を付けると否定になります。

例）ไม่เผ็ด [mây phèt マイペッ(ト)]「辛くない」
　　ไม่อร่อย [mây a-rɔ̀y マイアロイ]「美味しくない」

＊ただし、「いけてない（おいしくない）」は ใช้ไม่ได้ [cháy mây dây チャイマイダイ] です。

＊＊また、味の「普通」の否定には、ไม่ธรรมดา [mây tham-ma-daa マイ タンマダー]「普通ではない」を使うことが多いです。

27 様々な注文の表現

เอาไม่เผ็ด	aw mây phèt	アオマ̂イペッ̀(ト)	辛くしないで。
ไม่ใส่ผักชี	mây sày phàk chii	マ̂イサ̀イパッ̀(ク) チー	パクチーを入れないで。
เอากลับบ้าน	aw klàp bâan	アオ グラッ̀(プ) バ̂ーン	家に持って帰ります。
ทานที่นี่	thaan thîi nîi	ターン ティ̂ーニ̂ー	ここでいただきます。

基本の調味料 タイでは特にラーメンを食べる時、自分で好きな味に調味しますよ！

น้ำปลา	พริก	มะนาว	น้ำส้มสายชู
nám plaa	phrík	ma-naaw	nám sôm săay chuu
ナ́(ム) プラー	プリッ́(ク)	マナーオ	ナ́(ム)ソ̂(ム)サ̌ーイチュー
魚醤油	唐辛子	レモン	お酢

数字の数え方 タイ語で数字を言いましょう。

๐	๑	๒	๓	๔	๕	๖	๗	๘	๙	๑๐
0	1	2	3	4	5	6	7	8	9	10
ศูนย์	หนึ่ง	สอง	สาม	สี่	ห้า	หก	เจ็ด	แปด	เก้า	สิบ
sŭun	nùŋ	sɔ̌ɔŋ	săam	sìi	hâa	hòk	cèt	pɛ̀ɛt	kâw	sìp
ス̌ーン	ヌ̀ン	ソ̌オーン	サ̌ー(ム)	ス̀イー	ハ̂ー	ホッ̀(ク)	チ̀ェッ(ト)	ペ̀ェーッ(ト)	ガ̂オ	スィッ̀(プ)

2 桁の数字の数え方は日本語と同じです。

15　ジュウゴ　sìp hâa　スィッ̀(プ) ハ̂ー

99　キュウジュウキュウ　kâw sìp kâw　ガ̂オスィッ̀(プ) ガ̂オ

ただし、2 桁以上の数字では、以下の変則的な読み方があります。

1 の位の1は หนึ่ง [nùŋ ヌ̀ン] ではなく เอ็ด [èt エッ̀(ト)] と読みます。

例）11　[sìp èt スィッ̀(プ) エッ̀(ト)]

10 の位の 2 は สอง [sɔ̌ɔŋ ソ̌オーン] ではなく ยี่ [yîi イ̂ー] と読みます。

例）22　[yîi sìp sɔ̌ɔŋ イ̂ースィッ̀(プ)ソ̌オーン]

10	100	1,000	10,000	100,000	1,000,000
สิบ	ร้อย	พัน	หมื่น	แสน	ล้าน
sìp	rɔ́ɔy	phan	mɯ̀ɯn	sɛ̌ɛn	láan
スィッ̀(プ) 十	ロオ́ーイ 百	パン 千	ム̀ーン 万	セェ̌ーン 十万	ラ́ーン 百

3 桁以上の数字でも、上記の変則ルールは当てはまります。

101 [nùŋ rɔ́ɔy èt ヌ̀ン ロオ́ーイ エッ̀(ト)]（または [nùŋ rɔ́ɔy nùŋ ヌ̀ン ロオ́ーイ ヌ̀ン]

2121 [sɔ̌ɔŋ phan nùŋ rɔ́ɔy yîi sìp èt ソ̌オーン パン ヌ̀ン ロオ́ーイ イ̂ー スィッ̀(プ) エッ̀(ト)]

～をさせてください

ขอ สั่งอาหาร หน่อย

ขอ	สั่งอาหาร	หน่อย
khɔ̌ɔ	sàŋ aa-hǎan	nɔ̀y
コォˇー	サ̀ンアーハˇーン	ノ̀イ
～をさせてください	料理を注文する	ちょっと

料理の注文をお願いします。

何かをさせてもらいたい時には、〈ขอ [khɔ̌ɔ コォˇー] ＋ させてもらいたいこと〉を使います。

〈ขอ [khɔ̌ɔ コォˇー] ＋○○＋ หน่อย [nɔ̀y ノ̀イ]〉は丁寧なお願いをする時に使います。หน่อย [nɔ̀y ノ̀イ] を入れない場合は、普通の注文になり、ちょっと命令口調に聞こえるので หน่อย [nɔ̀y ノ̀イ] を使いましょう。

また ขอ [khɔ̌ɔ コォˇー] を省略して、สั่งอาหารหน่อยค่ะ [sàŋ aa-hǎan nɔ̀y khâ サ̀ン アーハˇーン ノ̀イ カ̂] でも使えます。

他に、〈ขอ [khɔ̌ɔ コォˇー] ＋○○＋ ด้วย [dûay ドゥ̂ーワイ]〉の表現もあります。ด้วย [dûay ドゥ̂ーワイ] は「～も、一緒に」という意味で、追加注文などの追加的にお願いする時に使います。

ขอสั่งอาหารหน่อยครับ
khɔ̌ɔ sàŋ aa-hǎan nɔ̀y khráp
コォˇー サ̀ン アーハˇーン ノ̀イ クラ́ッ(プ)
料理の注文をお願いします。
ขอดูเมนูขนมหวานด้วยค่ะ
khɔ̌ɔ duu mee-nuu kha-nǒm wǎan dûay khâ
コォˇー ドゥー メーヌー カノˇ(ム) ワˇーン ドゥ̂ーワイ カ̂
デサートのメニューもお願いします。
ครับ
khráp
クラ́ッ(プ)
はい。
ร้านลุง
ขอตะเกียบด้วยครับ
khɔ̌ɔ ta-kìap dûay khráp
コォˇー タギ̀ィーアッ(プ) ドゥ̂ーワイ クラ́ッ(プ)
お箸もください。

29 タイのフードコートでよく使われる表現

ขอแลกคูปอง 500 บาทหน่อยครับ

khɔ̌ɔ lɛ̂ɛk khuu-pɔŋ hâa rɔ́ɔy bàat nɔ̀y khráp

コォ̌ーレェ̂ー(ク) クーポン ハ̂ー ロォ́ーイ バ̀ーッ(ト) ノ̀イ クラ́ッ(プ)

「500 バーツ分の食券をください」（直訳：食券と 500 バーツを交換してください）

ขอแลกเงินคืนครับ

khɔ̌ɔ lɛ̂ɛk ŋən khɯɯn khráp

コォ̌ー レェ̂ー(ク) ングン クーン クラ́ッ(プ)

「食券の払い戻しをお願いします」（直訳：払い戻しのお金と交換してください）

お会計を頼む

เท่าไร

thâw- rày

タ̂オラ̀イ

いくら？

お金を計算してもらいたい時に、疑問詞の เท่าไร [thâw-ray タ̂オライ]「いくら？」をよく使います。
会話の時は [thâw-rày タ̂オラ̀イ] と発音することが多いです。

เท่าไรครับ
thâw-rày khráp
タ̂オラ̀イ クラ́ッ(プ)
いくらですか？
70 บาทครับ
cèt sìp bàat khráp
ヂェ̀ッ(ト) スィ̀ッ(プ) バ̀ーッ(ト) クラ́ッ(プ)
70 バーツです。

ทั้งหมดเท่าไรคะ
tháŋ-mòt thâw-rày khá
タ́ンモッ̀(ト) タ̂オラ̀イ カ́
全部でいくらですか？
ทั้งหมด 121 บาทค่ะ
tháŋ-mòt nùŋ rɔ́ɔy yîi sìp èt bàat khâ
タ́ン モッ̀(ト) ヌ̀ン ロォ́ーイ イ̂ー
スィッ̀(プ) エッ̀(ト) バ̀ーッ(ト) カ̂
全部で１２１バーツです。
นี่เงินทอนค่ะ
nîi ŋən thɔɔn khâ
ニ̂ー ングントォーン カ̂
これはおつりです。

「お会計をお願いします」の他の表現には、以下のような言い方があります。

คิดเงินด้วยค่ะ

khít ŋən dûay khâ

キッ́(ト) ングン ドゥ̂ーワイ カ̂　お金を計算してください。

เก็บตังค์ด้วยครับ

kèp taŋ dûay khráp

ゲッ̀(プ) タン ドゥ̂ーワイ クラッ́(プ)（直訳：お金を扱ってください）

เก็บเงินด้วยครับ

kèp ŋən dûay khráp

ゲッ̀(プ) ングン ドゥ̂ーワイ クラッ́(プ)（直訳：お金を扱ってください）

上の表現に ด้วย [dûay ドゥ̂ーワイ] を使っている理由は、注文や食べた後にお会計もお願いしますという意味になるからです。

フレーズのまとめ

นี่ (คือ) อะไร

nîi khɯɯ　a-ray

ニ̂ークー　アライ

これ（は）何？

มี ไก่ย่าง ไหม

mii　kày-yâaŋ　máy

ミー　ガ̀イ・ヤ̂ーン　マ́イ

焼き鶏はある？

ขอ ส้มตำ 1 จาน

khɔ̌ɔ　sôm-tam nɯ̀ŋ caan

コ̌ォー　ソ̂(ム)タ(ム) ヌ̀ンヂャーン

パパイヤサラダを１皿ください。

ขอ สั่งอาหาร หน่อย

khɔ̌ɔ　sàŋ aa-hǎan　nɔ̀y

コ̌ォー　サ̀ンアーハ̌ーン　ノ̀イ

料理の注文をお願いします。

เท่าไร

thâw-rày

タ̂オラ̀イ

いくら？

数字の数え方

๐ 0	๑ 1	๒ 2	๓ 3	๔ 4	๕ 5	๖ 6	๗ 7	๘ 8	๙ 9	๑๐ 10
ศูนย์ sǔun ス̌ーン	หนึ่ง nɯ̀ŋ ヌ̀ン	สอง sɔ̌ɔŋ ソ̌ォーン	สาม sǎam サ̌ー(ム)	สี่ sìi スィ̀ー	ห้า hâa ハ̂ー	หก hòk ホ̀ッ(ク)	เจ็ด cèt ヂェ̀ッ(ト)	แปด pɛ̀ɛt ペェ̀ーッ(ト)	เก้า kâw ガ̂オ	สิบ sìp スィ̀ッ(プ)

クイズ3 料理の注文

レベル ★★☆☆☆
24点

1. レストランでの店員とお客さんの会話です。吹き出しに当てはまる言葉を選んで入れましょう。(8点)

A: ขอแกงเขียวหวานกับข้าว 1 จาน แล้วก็ชานมเย็นครับ
khɔ̌ɔ kɛɛŋ khǐaw wǎan kàp khâaw nɯ̀ŋ caan lɛ́ɛw-kɔ̂ɔ chaa-nom-yen khráp
コォ̌ー ゲェーン キィ̌ーアオ ワ̌ーン ガッ̀(プ) カ̂ーオ ヌ̀ン ヂャーン レエ́ーオ コォ̂ー チャーノ(ム)イェン クラッ́プ

B: มีแกงเขียวหวานไหมครับ mii kɛɛŋ khǐaw wǎan mǎy khráp
ミー ゲェーン キィ̌ーアオ ワ̌ーン マ̌イ クラッ́プ

C: คิดเงินด้วยครับ khít ŋən dûay khráp
キッ́(ト) ングン ドゥ̂ーワイ クラッ́(プ)

D: นี่อะไรครับ nîi a-ray khráp ニ̂ー アライ クラッ́(プ)

①
……………
ชานมเย็น
chaa-nom-yen
チャーノ(ム)イェン
ข้าวแกง

②
……………
มีค่ะ
mii khâ
ミーカ̂
ข้าวแกง

③
……………
รับอะไรดีคะ
ráp a-ray dii khá
ラッ́(プ) アライディーカ́
何にしますか?
ข้าวแกง

④
……………

2. 屋台で料理を注文する会話です。吹き出しに当てはまる言葉を選んで入れましょう。
（8点）

A: เก็บตังค์ด้วยครับ kèp taŋ dûay khráp ゲッ̀(プ) タン ドゥ̂ーワイ クラッ́(プ)

B: เอาข้าวซอย 1 ชามครับ aw khâaw sɔɔy nùŋ chaam khráp
アオ カ̂ーオ ソォーイ ヌ̀ン チャー(ム) クラッ(プ)

C: เอาน้ำเปล่าไม่เอาน้ำแข็งครับ aw nám-plàw mây aw nám-khěŋ khráp
アオ ナ́(ム)プラ̀オ マ̂イアオ ナ́(ム)ケ̌ン クラッ́(プ)

D: ทานที่นี่ครับ thaan thîi nîi khráp ターン ティ̂ーニ̂ー クラッ́(プ)

เอาอะไรดีคะ
aw a-ray dii khá
アオ アライ ディーカ́
เอากลับบ้านหรือ ทานที่นี่คะ
aw klàp bâan rʉ̌ʉ thaan thîi nîi khá
アオ グラッ̀(プ) バ̂ーン ルー
ターンティ̂ーニ̂ーカ́
เอาน้ำอะไรคะ
aw nám a-ray khá
アオ ナ́(ム)アライカ́
ข้าวซอย

3. フードコートで料理を注文する会話です。吹き出しに当てはまる言葉を選んで入れましょう。(8点)

A: ขอข้าวมันไก่ 1 จาน khɔ̌ɔ khâaw man kày nùŋ caan
コ̌ォー カ̂ーオ マン ガ̀イ ヌ̀ン ヂャーン

B: ขอแลกเงินคืนครับ khɔ̌ɔ lɛ̂ɛk ŋən khɯɯn khráp
コ̌ォー レ̂ェー(ク) ングン クーン クラ́ッ(プ)

C: อยู่ที่โน่นค่ะ yùu thîi nôon khâ ユ̀ー ティ̂ーノ̂ーン カ̂

D: ขอแลกคูปอง 200 บาทครับ
khɔ̌ɔ lɛ̂ɛk khuu-pɔŋ sɔ̌ɔŋ rɔ́ɔy bàat khráp
コ̌ォー レ̂ェー(ク) クーポン ソ̌ォーン ロ́ォーイ バ̀ーッ(ト) クラ́ッ(プ)

①
ที่แลกคูปองอยู่ที่ไหนครับ
thîi lɛ̂ɛk khuu-pɔŋ yùu thîi-nǎy khráp
ティ̂ーレェー(ク) クーポン ユ̀ーティ̂ーナ̌イクラ́ッ(プ)
クーポン売り場はどこですか？
②
ค่ะ นี่ค่ะ 200 บาทค่ะ
khâ nîi khâ sɔ̌ɔŋ rɔ́ɔy bàat khâ
カ̂ ニ̂ーカ̂
ソ̌ォーンロ́ォーイバ̀ーッ(ト) カ̂
คูปอง
③
50 บาทครับ
hâa sìp bàat khráp
ハ̂ースィ̀ッ(プ)
バ̀ーッ(ト) クラ́ッ(プ)
④
ได้ค่ะ
dây khâ
ダ̂イ カ̂
了解です。
คูปอง

なるほど・ざ・タイ ❸ 縁起の良い日にち

●タイ人にとって縁起の良い日にちが大事？

縁起の良い日にちを信じていますか？タイでは縁起の良い日にちを信じている人は多いです。開店や結婚などのおめでたいことが始まる時に、占い師に聞いたり、カレンダーを見たりして、縁起の良い日にちを選びます。よくある例では、結婚式なら、2人の人生が始まるということにちなんで偶数の2、4、6、10の月が人気です。ちなみに7月から9月は雨期と仏教の入安（132-134ページ参照）のため、人気はありません。また、人によっては開始時刻まで気にして決めます。

●やっちゃだめなこと？

一方、縁起の悪い日にちもあります。例えば、水曜日に髪を切るのは良くないと信じられています。水曜日は髪や樹木が伸びる日とされており、その日に髪や木を切るのは、縁起が悪いとされています。そのため、タイのほとんどの美容院は水曜日がお休みです。
このような縁起の良い・悪い日にちについて、最近は気にしない人が多く、縁起より都合の良い日にちが優先されることも多いです。
次に、人にお土産をあげるとしたら、ハンカチは好ましくないです。タイではハンカチをあげると、もらう人にこれから涙を流すような悪いことが起きると考えられています。解決策(おまじない)は、贈ってくれた人に小銭を渡すことです。これにより、贈り物ではなく買った形になります。日本で刃物を送ると5円をいただく風習に似ていますね。各国の縁起の考え方を理解したら、世界観が広がりますね。

縁起の良い日にち

けん君、
本を読んでいるの？
縁起の良い日にちを
調べてるんだ。
3月にマンゴーを食べ、
4月にソングラーン祭り、
5、6月にドリアン、
マンゴスチンを食べ、
7、8月に海に行く。
11月に灯篭流し祭り、
12月に山にキャンプに行く。
1月にチェンマイへ、
2月に蓮を見に行く…
そうか、それは縁起の良い
日にちじゃなくて、
食べ物と遊びの予定を
考えているよね。

32

クイズ３ 料理の注文　解答

1．A：グリーンカレーとご飯を１皿、それから、冷たいタイミルクティーをください。
B：グリーンカレーはありますか？　C：お会計をお願いします。　D：これは何ですか？

❶ D：これは何ですか？

นี่อะไรครับ [nîi a-ray khráp
ニ̂ー アライ クラ́ッ(プ)]

冷たいタイミルクティーです。

ชานมเย็นค่ะ [chaa-nom-yen khâ
チャーノ(ム) イエン カ̂]

❷ B：グリーンカレーはありますか？

มีแกงเขียวหวานไหมครับ
[mii kɛɛŋ khǐaw wǎan máy khráp
ミーゲェーン キ̌ィーアオ ワ̌ーン マ́イ クラ́ッ(プ)]

あります。

มีค่ะ [mii khâ　ミーカ̂]

❸ 何にしますか？

รับอะไรดีคะ [ráp a-ray dii khá
ラ́ッ(プ) アライ ディー カ́]

A：グリーンカレーとご飯を１皿、それから、冷たいタイミルクティーをください。

ขอแกงเขียวหวานกับข้าว 1 จานแล้วก็ชานมเย็นครับ
khɔ̌ɔ kɛɛŋ khǐaw wǎan kàp khâaw nʉ̀ŋ caan lɛ́ɛw-kɔ̂ɔ chaa-nom-yen khráp
コォ̌ー ゲェーンキィ̌ーアオワ̌ーン ガ̀ッ(プ) カ̂ーオ ヌ̀ン ヂャーン レェ́ーオコォ̂ー チャー ノ(ム) イエン クラ́ップ

❹ C：お会計をお願いします。

คิดเงินด้วยครับ
khít ŋən dûay khráp
キ́ッ(ト) ングンドゥ̂ーワイ クラ́ッ(プ)

2．A：お会計をお願いします。 B：タイ風カレーラーメンを１つください。
C：お水にします。氷は要らないです。 D：ここで食べます。

❶ 何にしますか？

เอาอะไรดีคะ
aw a-ray dii khá
アオ アライ ディー カ́

B：カオソーイを１つください。

เอาข้าวซอย 1 ชามครับ
aw khâaw sɔɔy nʉ̀ŋ chaam khráp
アオ カ̂ーオソォーイ ヌ̀ン チャー(ム) クラ́ッ(プ)

❷ 持ち帰りですか？ここで食べますか？

เอากลับบ้านหรือทานที่นี่คะ
aw klàp bâan rʉ̌ʉ thaan thîi nîi khá
アオ グラ̀ッ(プ) バ̂ーン ル̌ー ターン ティ̂ーニ̂ー カ́

D：ここで食べます。

ทานที่นี่ครับ [thaan thîi nîi khráp]
ターンティ̂ーニ̂ー クラ́ッ(プ)

3 飲み物は何にしますか？
เอาน้ำอะไรคะ
aw nám a-ray khá
アオ ナ́(ム) アライ カ́

C：お水にします。氷は要らないです。
เอาน้ำเปล่าไม่เอาน้ำแข็งครับ
aw nám-plàw mây aw nám-khěŋ khráp
アオナ́(ム) プラ̀オ マ̂イアオナ́(ム) ケ̌ン クラ́ッ(プ)

4 A：お会計をお願いします。
เก็บตังค์ด้วยครับ
kèp taŋ dûay khráp
ゲ̀ッ(プ) タンドゥ̂ーワイ
クラ́ッ(プ)

3．A：カーオマンガイを１皿ください。 B：クーポンの払い戻しをお願いします。
C：あそこです。 D：２００バーツ分のクーポンをください。

1 クーポン売り場（交換）はどこですか？
ที่แลกคูปองอยู่ที่ไหนครับ
thîi lɛ̂ɛk khuu-pɔɔŋ yùu
thîi-nǎy khráp
ティ̂ーレ̂ー(ク) クーポン ユ̀ーティ̂ーナ̌イ クラ́ッ(プ)

C：あそこです。
อยู่ที่โน่นค่ะ
yùu thîi nôon khâ
ユ̀ー ティ̂ーノ̂ーンカ̂

2 D：200バーツ分のクーポンをください。
ขอแลกคูปอง 200 บาทครับ
khɔ̌ɔ lɛ̂ɛk khuu-pɔɔŋ sɔ̌ɔŋ rɔ́ɔy bàat khráp
コオ̌ーレ̂ー(ク) クーポン
ソオ̌ーンロオ́ーイバ̀ーッ(ト) クラ́ッ(プ)

はい、こちらです。200バーツです。
ค่ะ นี่ค่ะ 200 บาทค่ะ
khâ nîi khâ sɔ̌ɔŋ rɔ́ɔy bàat khâ
カ̂ ニ̂ーカ̂ ソオ̌ーンロオ́ーイバ̀ーッ(ト) カ̂

3 A：カオマンガイを１皿ください。
ขอข้าวมันไก่ 1 จาน
khɔ̌ɔ khâaw-man-kày nɯ̀ŋ caan
コオ̌ー カ̂ーオマンガ̀イ ヌ̀ン チャーン

50バーツです。
50 บาทครับ
hâa sìp bàat khráp
ハ̂ースィ̀ッ(プ) バ̀ーッ(ト) クラ́ッ(プ)

4 B：クーポンの払い戻しをお願いします。
ขอแลกเงินคืนครับ
khɔ̌ɔ lɛ̂ɛk ŋən khɯɯn khráp
コオ̌ーレ̂ー(ク) ングン クーン クラ́ッ(プ)

了解です。
ได้ค่ะ [dây khâ] ダ̂イ カ̂

ส้มตำ

4日目

買い物を楽しむ

旅先で素敵なものを見つけたら、
お土産として、または自分へのご褒美として、
迷わず買って帰りましょう。

考えてみよう

ものを買いたい時に、選ぶから買うまでに
必要な表現は何でしょうか？

売っている場所を探す

ผ้าขาวม้า ขายที่ไหน

phâa-khǎaw-máa khǎay thîi-nǎy
パ^カˇオマ´ カˇイ ティ^ーナˇイ
タイ伝統のチェック柄布 どこで売る？

タイ伝統のチェック柄布はどこで売っている？

お土産を探す時に「このお土産はどこで売っていますか?」と聞きたい場合、〈お土産名＋ขายที่ไหน [khǎay thîi-nǎy カˇーイ ティ^ーナˇイ]〉と言います。

ผ้าขาวม้า ขายที่ไหนครับ
phâa-khǎaw-máa
khǎay thîi-nǎy khráp
パ^カˇーオマ´ー カˇーイ ティ^ーナˇイ クラ´ッ(プ)
タイ伝統のチェック柄布はどこで売っていますか？
ขายที่จตุจักรค่ะ
khǎay thîi cà-tu-càk khâ
カˇーイ ティ^ー ヂャ`トゥヂャッ`(ク) カ^
チャトゥチャックで売っています。

「どこで売っていますか？」に対する答え方は〈ขายที่ [khǎay thîi カˇーイ ティ^ー] + ○○〉「○○(場所)で売っています」です。タイには大規模なマーケットがあります。その内のひとつは、バンコクにあるチャトゥチャックウィークエンドマーケットです。ここではありとあらゆるものが売っています！

34 買いたいものを伝える

อยากซื้อ ผ้าขาวม้า

yàak sɯ́ɯ
ヤー̀(ク) スー́
買いたい

phâa-khǎaw-máa
パー̂カー̌オマー́
タイ伝統のチェック柄布

タイ伝統のチェック柄布を買いたい。

買いたいものを伝える時、〈อยากซื้อ [yàak sɯ́ɯ ヤー̀(ク) スー́] ＋お土産名〉と言います。

タイのお土産

 ผ้าไหม phâa mǎy パー̂マイ̌ シルク	 เบญจรงค์ ben-ca-roŋ ベンヂャロン 五色焼きもの	 ยาดม yaa-dom ヤード(ム) 鼻吸引薬	 แป้งทาตัว pɛ̂ɛŋ thaa tua ペェー̂ンタートゥーワ ボディーパウダー	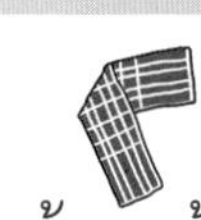 ผ้าขาวม้า phâa-khǎaw-máa パー̂カー̌オマー́ タイ伝統の チェック柄布
 ผ้าถุง phâa thǔŋ パー̂トゥ̌ン タイの女性用の布	 กางเกงเล kaaŋ-keeŋ lee ガーンゲーンレー タイのズボン	 ครกไม้ khrók máy クロッ́(ク) マイ́ 木製の壺	 กระติบ kra-típ グラティッ́(プ) もち米を入れる籠	 เครื่องแกง khrɯ̂aŋ kɛɛŋ クルー̂アン ゲェーン カレーペースト
 เครื่องสปา khrɯ̂aŋ sa-paa クルー̂アン サパー スパ用品	 หนังสือ náŋ-sɯ̌ɯ ナ́ンスー̌ 本	 เครื่องประดับ khrɯ̂aŋ pra-dàp クルー̂アン プラダッ̀(プ) アクセサリー	 หมวก mùak ムウ̀ーワッ(ク) 帽子	 เสื้อยืด sɯ̂a yɯ̂ɯt スウ̂ーワユ̂ー T シャツ
 มะม่วง ma-mûaŋ マムウ̂ーワン マンゴー	 ทุเรียน thú-rian トゥ́リィーアン ドリアン	 ผลไม้กวน phǒn-la-máay kuan ポ̌ンラマー́イ グーアン 果物のお菓子		

試す許可を求める

ขอ ลองใส่ดู ได้ไหม

khɔ̌ɔ lɔɔŋ sày duu dây máy

コ̌ォー ロォーンサ̀イドゥー ダ̂イマ́イ

～をさせてください 着てみる いいですか？／できますか？

着てみてもいい？

許可を求める時、〈ขอ [khɔ̌ɔ コ̌ォー]＋○○＋ได้ไหม [dây máy ダ̂イマ́イ]〉「○○をしてもいいですか？」を使います。

答え方は、ได้ [dâay ダ̂ーイ]「できる」、ไม่ได้ [mây dâay マ̂イダ̂ーイ]「できない」です。ただし、後ろに言葉が来る場合の会話では「dâay ダ̂ーイ」の発音が短くなり、「dây ダ̂イ」になります。

ขอ [khɔ̌ɔ コ̌ォー] を省略して ได้ไหม [dây máy ダ̂イマ́イ]「できますか？」だけを使ってもいいです。ขอ [khɔ̌ɔ コ̌ォー] を使うとよりお願いする気持ちが入ります。何かを具体的に試したい時、〈ลอง [lɔɔŋ ロォーン]＋○○＋ ดู [duu ドゥー]〉「○○を試してみる」と言います。ดู [duu ドゥー] は省略できます。

ขอลองใส่ดูได้ไหมครับ
khɔ̌ɔ lɔɔŋ sày duu dây máy khráp
コ̌ォー ロォーン サ̀イ ドゥー ダ̂イ マ́イ クラ́ッ(プ)
着てみてもいいですか？

ลองใส่ดูได้ครับ นี่ครับ
lɔɔŋ sày duu dây khráp nîi khráp
ロォーン サ̀イ ドゥー ダ̂イクラ́ッ(プ) ニ̂ークラ́ッ(プ)
着てみてもいいです。こちらです。

ขอลองทาดูได้ไหมคะ
khɔ̌ɔ lɔɔŋ thaa duu dây máy khá
コ ̌ォー ロォーン ター ドゥー
ダ ̂イマ ́イ カ ́
塗ってみてもいいですか？

ขอโทษค่ะ ลองไม่ได้ค่ะ
khɔ̌ɔ thôot khâ lɔɔŋ mây dây khâ
コ ̌ォー ト ̂ーッ(ト) カ ̂
ロォーン マ ̂イダ ̂イカ ̂
すみません。お試しはできないんです。

ลอง [lɔɔŋ ロォーン]「試す」と一緒によく使う動詞

ใส่ sày サ ̀イ 着る	ชิม chim チ(ム) 味見する	กิน kin ギン 食べる
ทา thaa ター 塗る	ดม dom ド(ム) 吸う	เขียน khǐan キィ ̌ーアン 書く

他のものを探す

มี	สี	อื่นไหม	
mii	sǐi	ɯ̀ɯn máy	他の色はある？
ミー	スィ̌ー	ウ̀ーン マ́イ	
～がある / いる	色	他の　～か	

「他の○○を探したい」時には、〈มี [mii ミー] + ○○+ อื่นไหม [ɯ̀ɯn máy ウ̀ーンマ́イ]〉と言います。

มีสีอื่นไหมครับ
mii sǐi ɯ̀ɯn máy khráp
ミー スィ̌ー ウ̀ーン
マ́イ クラ́ッ(プ)
他の色はありますか？
มีครับ
mii khráp
ミー クラ́ッ(プ)
あります。

มีกลิ่นอื่นไหมคะ
mii klìn ɯ̀ɯn máy khá
ミー グリ̀ン ウ̀ーン
マ́イ カ́
他の香りはありますか？
มีค่ะ
mii khâ
ミー カ̂
あります。

形など「มี [mii] ミー＋○○＋ อื่นไหม [ɯ̀ɯn máy] ウ̀ーンマ́イ」

สี	ลาย	แบบ	ทรง	รส	ตัว	อัน	เบอร์	ขนาด	กลิ่น
sǐi	laay	bɛ̀ɛp	soŋ	rót	tua	an	bəə	kha-nàat	klìn
スィ̌ー	ラーイ	ベ̀ェー(プ)	ソン	ロ́ッ(ト)	トゥーワ	アン	ブー /	カナ̀ー(ト)	グリ̀ン
色	柄	形		味	(シャツなど)～枚 (動物)～匹	(小物) ～つ	大きさ	サイズ	香り 匂い

อัน [an アン]「個、つ」は小物の類別詞なので、いろんなものに使えて便利です。

色　色を探す時、〈มี [mii ミー] ＋ สี [sǐi スィ̌ー] ＋○○（色）＋ ไหม [máy マ́イ]〉と言います。

ขาว	ดำ	เขียว	เหลือง	ส้ม	แสด
khǎaw	dam	khǐaw	lɯ̌aŋ	sôm	sɛ̀ɛt
カ̌ーオ　白	ダ(ム)　黒	キィ̌ーアオ　緑	ルゥ̌ーワン　黄色	ソ̂(ム)	セ̀ェーッ(ト)　オレンジ

ชมพู	ฟ้า	ม่วง	แดง	น้ำตาล
chom-phuu	fáa	mûaŋ	dɛɛŋ	nám taan
チョ(ム)プー	ファ́ー	ムゥ̂ーワン	デェーン	ナ́(ム) ターン
ピンク	水色	紫	赤	茶色

「より～なもの」を探す

มี สีอ่อน กว่านี้ไหม
mii sǐi ɔ̀ɔn kwàa níi máy
ミー スイ̌ー オ̀ーン グワ̀ーニ́ー マ́イ
～がある/いる 薄い色 これより ～か

これより薄い色はある？

「これより○○がありますか？」と聞きたい時に、〈มี [mii ミー] +○○+ กว่านี้ไหม [kwàa níi máy グワ̀ーニ́ー マ́イ]〉と言います。

กว่านี้ [kwàa níi グワ̀ーニ́ー] の前には（名詞＋）形容詞を入れます。

มีสีอ่อนกว่านี้ไหมครับ
mii sǐi ɔ̀ɔn kwàa níi máy khráp
ミースイ̌ーオ̀ーン グワ̀ーニ́ー
マ́イ クラ́ッ(プ)
これより薄い色はありますか？
มีครับ นี่ครับ
mii khráp nîi khráp
ミー クラ́ッ(プ) ニ̂ー クラ́ッ(プ)
あります。これです。

มีขนาดใหญ่กว่านี้ไหมคะ
mii kha-nàat yày kwàa níi máy khá
ミー カナーッ(ト) ヤイ
グワーニー マイ カ
これより大きいサイズがありますか？

ไม่มีค่ะ
mây mii khâ
マイ ミー カ
ありません。

買い物でよく使う単語

เข้ม khêm ケ(ム) 濃い	อ่อน ɔ̀ɔn オーン 薄い	ยาว yaaw ヤーオ 長い	สั้น sân サン 短い	หนา nǎa ナー 厚い	บาง baaŋ バーン 薄い	แพง phɛɛŋ ペェーン （値段が）高い
เล็ก lék レッ(ク) 小さい	ใหญ่ yày ヤイ 大きい	กว้าง kwâaŋ グワーン 広い	แคบ khɛ̂ɛp ケェー(プ) 狭い	สูง sǔuŋ スーン 高い	เตี้ย tîa ティーア 低い	ถูก thùuk トゥー(ク) 安い

生産地を聞く

เป็นของ ที่ไหน (ทำ)

เป็นของ	ที่ไหน	(ทำ)
pen khɔ̌ɔŋ	thîi-nǎy	(tham)
ペンコォˇーン	ティ^ーナˇイ	(タ(ム))
～のもの	どこ	(作る)

どこで作られた？

「どこで作られましたか?」と聞きたい時に使う表現です。ทำ [tham タ (ム)]「作る」を省略こともできます。省略すると「どこのもの」という意味になります。

答え方は〈เป็นของ [pen khɔ̌ɔŋ ペン コォˇーン] +○○+ ทำ [tham タ(ム)]〉「○○で作られました」です。
「△△はどこで作られましたか？」と特定のものについて聞きたい時は、เป็นของ [pen khɔ̌ɔŋ ペン コォˇーン] の前にものの名前を入れます。

ไข่เค็มเป็นของที่ไหน(ทำ)ครับ
khày khem pen khɔ̌ɔŋ
thîi-nǎy (tham) khráp
カˋイケム ペン コォˇーンティ^ーナˇイ
(タ(ム)) クラˊッ(プ)
塩漬け卵はどこで作られましたか？
เป็นของภาคใต้(ทำ)ครับ
pen khɔ̌ɔŋ phâak tây (tham) khráp
ペン コォˇーン パ^ー(ク) タ^イ
(タ(ム)) クラˊッ(プ)
南部で作られました。
ไข่เค็ม
ไข่เค็ม
ไข่เค็ม
ไข่เค็ม

タイの地域と特産品

1 ภาคเหนือ
phâak nʉ̌a
パ^(ク) ヌ̌ーワ
北部

2 เครื่องเงิน
khrʉ̂aŋ ŋən
クル^アン ングン
銀製品

3 ไส้อั่ว
sây-ùa
サ̂イ ウ̀ーワ
北タイソーセージ

4 เสื้อม่อฮ่อม
sʉ̂a mɔ̂ɔ-hɔ̂ɔm
スウ^ーワ モオ^ー ホオ^ー(ム)
藍染め服

5 ภาคกลาง
phâak klaaŋ
パ^(ク) グラーン
中部

6 เครื่องจักสาน
khrʉ̂aŋ càk sǎan
クル^アン
ヂャッ̀(ク)サ̌ーン
［竹や籐の］編細工

7 หัวโขน
hǔa khǒon
フ̌ーワ コ̌ーン
人形劇（コーン）の仮面

8 หมี่กรอบ
mìi krɔ̀ɔp
ミ̀ークロオ̀ー(プ)
揚げ麺

9 ภาคตะวันออกเฉียงเหนือ
phâak ta-wan ɔ̀ɔk chǐaŋ nʉ̌a
パ^(ク) タワンオ̀ー(ク)チ̌ーアンヌ̌ーワ/
ภาคอีสาน phâak ii-sǎan
パ^(ク) イーサ̌ーン 東北部

10 ข้าวหอมมะลิ
khâaw hɔ̌ɔm-ma-lí
カ^オ ホオ̌ー(ム) マリ́
タイジャスミン米

11 หมูยอ
mǔu yɔɔ
ム̌ーヨォー
ポークソーセージ

12 ผ้าไหม
phâa mǎy
パ^マ̌イ
タイシルク

13 ภาคตะวันออก
phâak ta-wan-ɔ̀ɔk
パ^(ク) タワンオ̀ー(ク)
東部

14 ข้าวหลาม
khâaw lǎam
カ^オ ラ̌ー(ム)
竹筒飯

15 พลอย
phlɔɔy
プロォーイ
宝石

16 ภาคตะวันตก
phâak ta-wan-tòk
パ^(ク) タワントッ̀(ク)
西部

17 ปลาทู
plaa thuu
プラー トゥー
グルクマ
（サバの一種）

18 ขนมปังสับปะรด
kha-nǒm-paŋ sàp-pa-rót
カノ̌(ム) パン サッ̀(プ)
パロッ́(ト)
パイナップルパン

19 ภาคใต้
phâak tây
パ^(ク) ダ^イ
南部

20 ผ้าบาติก
phâa baa-tìk
パ^ バーティッ̀(ク)
ジャワ更紗布

21 ไข่เค็ม
khày khem
カ̀イ ケ(ム)
塩漬け卵

他のは〜

อัน	นี้	ล่ะ	この(小)物は？
an	níi	lâ	
アン	ニ́ー	ラ̂	
〜個、〜つ（小物の類別詞）	この	同じ質問を繰り返さないために使うニュアンス表現	

前の文と同じ内容を質問したい時に、同じ内容を繰り返さずに、〈○○＋นี้ล่ะ [níi lâ ニ́ー ラ̂]〉「この○○は？」と聞きます。

小物ではない場合やその単語の類別詞が分からない場合、類別詞のอัน [an アン]「〜個、〜つ」を使わずに、นี่ล่ะ [nîi lâ ニ̂ー ラ̂]「これは？」を使っても良いです。

または、形の単語を使っても良いです。

例）สีนี้ล่ะ [sǐi níi lâ スィ̌ー ニ́ー ラ̂]「この色は？」

เท่าไรคะ
thâw-rày khá
タ̂オラ̀イ カ́
いくらですか？
1000 บาทค่ะ
nɯ̀ŋ phan bàat khâ
ヌ̀ン パン バ̀ーッ(ト) カ̂
1000バーツです。

อันนี้ล่ะคะ
an níi lâ khá
アン ニ́ー ラ̂ カ́
(เท่าไร thâw-rày タ̂オ ラ̀イ)
この(小)物は(いくらですか)?
1200 บาทค่ะ
nɯ̀ŋ phan sɔ̌ɔŋ rɔ́ɔy bàat khâ
ヌ̀ン パン ソ̌ーン
ロ́ーイ バ̀ーッ(ト) カ̂
1200バーツです。

43

เป็นของที่ไหน(ทำ)ครับ
pen khɔ̌ɔŋ thîi-nǎy (tham) khráp
ペン コォ̌ーン ティ̂ーナ̌イ (タ(ム))
クラ́ッ(プ)
どこで作られましたか？
เป็นของภาคอีสาน(ทำ)ครับ
pen khɔ̌ɔŋ phâak ii-sǎan (tham) khráp
ペン コォ̌ーン パ̂ー(ク)
イーサ̌ーン(タ(ム)) クラ́ッ(プ)
東北部で作られました。

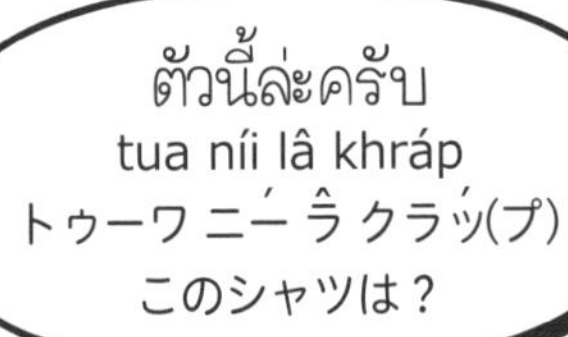
ตัวนี้ล่ะครับ
tua níi lâ khráp
トゥーワ ニ́ー ラ̂ クラ́ッ(プ)
このシャツは？

เป็นของภาคเหนือ(ทำ)ครับ
pen khɔ̌ɔŋ phâak nʉ̌a (tham) khráp
ペン コォ̌ーン パ̂ー(ク)
ヌゥ̌ーワ(タ(ム)) クラ́ッ(プ)
北部で作られました。

値段を交渉する

ช่วย	ลด	(ให้)หน่อย	ได้ไหม
chûay	lót	(hây) nɔ̀y	dây máy
チュ̂ーワイ	ロッ́(ト)	(ハ̂イ)ノ̀イ	ダ̂イマ́イ
手伝う	安くする	ちょっと（あげる / くれる）	いいですか？/ できますか？

安くしてもらえませんか？

相手にお願いする時は〈ช่วย [chûay チュ̂ーワイ] +○○+ ให้หน่อย [hây nɔ̀y ハ̂イノ̀イ] と言います。会話では ให้ [hây ハ̂イ] をよく省略しています。

「～できますか？」と可能かどうかを聞きたい時に、文末に ได้ไหม [dây máy ダ̂イマ́イ] を付けます。

ช่วยลดให้หน่อยได้ไหมครับ
chûay lót hây nɔ̀y dây máy khráp
チュ̂ーワイ ロッ́(ト) ハ̂イ ノ̀イ ダ̂イ マ́イ クラッ́(プ)
安くしてもらえませんか？

ได้ครับ
dây khráp
ダ̂イ クラッ́(プ)
できます。

ช่วยห่อเป็นของขวัญให้หน่อยได้ไหมคะ
chûay hɔ̀ɔ pen khɔ̌ɔŋ-khwǎn hây nɔ̀y dây máy khá
チュ̂ーワイ ホォ̀ー ペン コォ̌ーン クヴ̌ン ハ̂イ ノ̀イ ダ̂イ マ́イ カ́
プレゼントとして包んでもらえませんか？

ได้ค่ะ
dây khâ
ダ̂イ カ̂
できます。

他の表現

ช่วยแถมให้หน่อย ได้ไหมคะ chûay thɛ̌ɛm hây nɔ̀y dây máy khá チュ̂ーワイ テェ̌ー(ム) ハ̂イノ̀イ ダ̂イマ́イカ́ おまけして（追加して）もらえませんか？	ช่วยห่อให้หน่อย ได้ไหมครับ chûay hɔ̀ɔ hây nɔ̀y dây máy khráp チュ̂ーワイ ホォ̀ー ハ̂イノ̀イ ダ̂イマ́イクラッ́(プ) 包んでもらえませんか？	ช่วยแนะนำให้หน่อย ได้ไหมครับ chûay nɛ́-nam hây nɔ̀y dây máy khráp チュ̂ーワイ ネエ́ナ(ム) ハ̂イノ̀イ ダ̂イマ́イ クラッ́(プ) おすすめしてもらえませんか？

aw	an	níi	この(小)物にする。
アオ	アン	ニ́ー	
～にする	小物の類別詞	この	

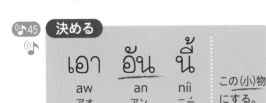

買う物を決めたら、〈เอา [aw アオ] ＋欲しい物〉「～にします」と言いましょう。または、〈ขอ [khɔ̌ɔ コォ̌ー] ＋欲しい物〉「～をください」も使えます。
例）ขออันนี้ [khɔ̌ɔ an níi コォ̌ー アンニ́ー]「この(小)物をください」

ものを決める時、日本語では「『これ』にします / をください」と言いますが、タイ語では類別詞を使って「『この＋類別詞』にします / をください」と言うことが多いです。類別詞を覚えていない場合、類別詞を入れずに「เอานี่ค่ะ/ครับ [aw nîi khâ / khráp アオ ニ̂ー カ̂ / クラッ́(プ)]「これにします」を使いましょう。

ขอตัวนี้ครับ
khɔ̌ɔ tua níi khráp
コォ̌ー トゥーワ ニ́ー クラッ́(プ)
このシャツ（1 枚）をください。
（「ตัว tua トゥーワ」は衣類、机、椅子、動物などの類別詞）

500 บาทครับ
hâa rɔ́ɔy bàat khráp
ハ̂ー ロォ́ーイ バ̀ーッ(ト) クラッ́(プ)
500 バーツです。
ขอบคุณครับ
khɔ̀ɔp khun khráp
コォ̀ー(プ) クン クラッ́(プ)
ありがとうございます。

เอาอันนี้ค่ะ
aw an níi khâ
アオ アン ニ́ー カ̂
この(小)物にします。

ค่ะ ได้ค่ะ
khâ dây khâ
カ̂ ダ̂イ カ̂
はい、了解です。

「まだ決めない」時の表現

ขอคิดก่อนค่ะ [khɔ̌ɔ khít kɔ̀ɔn khâ コォ̌ー キッ́(ト) ゴォ̀ーン カ̂]「考えておきます」
ขอดูก่อนครับ [khɔ̌ɔ duu kɔ̀ɔn khráp コォ̌ー ドゥー ゴォ̀ーン クラッ́(プ)]「見ているだけです」

「おすすめを断る」時の表現

ไม่เอาค่ะ [mây aw khâ マ̂イ アオ カ̂]「要らないです」
ไม่ชอบครับ [mây chɔ̂ɔp khráp マ̂イ チォ̂ー(プ) クラッ́(プ)]「好きではないです」
これらの表現は、買い物だけでなく食事や旅行の場面などでも使えるので便利です。

フレーズのまとめ

ผ้าขาวม้า ขายที่ไหน
phâa-khǎaw-máa khǎay thîi-nǎy
パーカーオマー カーイ ティーナイ

タイ伝統のチェック柄布はどこで売っている？

อยากซื้อ ผ้าขาวม้า
yàak sʉ́ʉ phâa-khǎaw-máa
ヤー(ク) スー パーカーオマー

タイ伝統のチェック柄布を買いたい。

ขอ ลองใส่ดู ได้ไหม
khɔ̌ɔ lɔɔŋ sày duu dây máy
コォー ロォーンサイドゥー ダイマイ

着てみてもいい？

มี สี อื่นไหม
mii sǐi ʉ̀ʉn máy
ミー スイー ウーン マイ

他の色はある？

มี สีอ่อน กว่านี้ไหม
mii sǐi ɔ̀ɔn kwàa níi máy
ミー スイー オーン グワーニー マイ

これより薄い色はある？

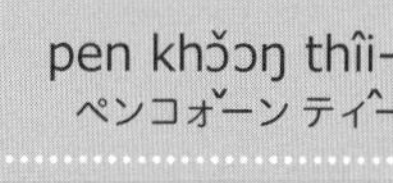

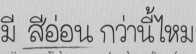

เป็นของที่ไหน(ทำ)
pen khɔ̌ɔŋ thîi-nǎy (tham)
ペンコォーン ティーナイ (タ(ム))

どこで作られた？

อันนี้ล่ะ
an níi lâ
アン ニー ラ

この(小)物は～

ช่วย ลด (ให้)หน่อย ได้ไหม
chûay lót (hây) nɔ̀y dây máy
チューワイ ロッ(ト) (ハイ) ノイ ダイマイ

安くしてもらえませんか？

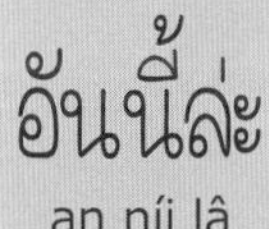

เอาอันนี้
aw an níi
アオ アン ニー

この小物にする。

มี	ไม่มี	ได้	ไม่ได้
mii	mây mii	dâay	mây dâay
ミー	マイ ミー	ダーイ	マイダーイ
ある／いる	ない／いない	できる	できない

クイズ4 買い物

レベル ★★★☆☆
24点

お店での買い物の会話です。吹き出しに当てはまる言葉を選んで入れましょう。

A：ขออันนี้ค่ะ khɔ̌ɔ an níi khâ コォ̌ー アン ニ́ーカ̂

B：มีแบบเล็กกว่านี้ไหมคะ mii bɛ̀ɛp lék kwàa níi máy khá
ミー ベェ̀ー(プ) レッ́(ク)グワ̀ーニ́ー マ́イカ́

C：เป็นของที่ไหนคะ pen khɔ̌ɔŋ thîi-nǎy khá ペンコォ̌ーンティ̂ーナ̌イカ́

D：ช่วยลดให้หน่อยได้ไหมคะ chûay lót hây nɔ̀y dây máy khá
チュ̂ーワイ ロッ́(ト) ハ̂イノ̀イ ダ̂イマ́イ カ́

E：มีแบบอื่นด้วยไหมคะ mii bɛ̀ɛp ɯ̀ɯn dûay máy khá
ミーベェ̀ー(プ) ウ̀ーン ドゥーワ̂イマ́イカ́

F：เท่าไรคะ thâw-rày khá タ̂オラ̀イ カ́

G：มีเบญจรงค์ไหมคะ mii ben-ca-roŋ máy khá
ミー ベンヂャロン マ́イカ́

H：อันนี้ล่ะคะ an níi lâ khá アン ニ́ー ラ̂ カ́

เบญจรงค์ขายที่ไหนคะ
ben-ca-roŋ khǎay thîi-nǎy khá
ベンヂャロン カ̌ーイ
ティ̂ー ナ̌イ カ́

ที่โน่นค่ะ
thîi nôon khâ
ティ̂ーノ̂ーン カ̂

มีค่ะ
mii khâ
ミー カ̂

2

มีแบบอื่นด้วยค่ะ
mii bɛ̀ɛp ɯ̀ɯn dûay khâ
ミー ベェ̀ー(プ)
ウ̀ーンドゥ̂ーワイカ̂

3

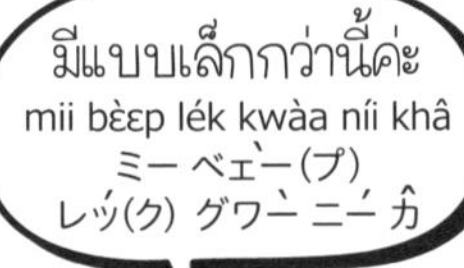
มีแบบเล็กกว่านี้ค่ะ
mii bὲɛp lék kwàa níi khâ
ミー ベ̀ェー(プ)
レッ́(ク) グワ̀ー ニ́ー カ̂

4

เป็นของสมุทรสาครค่ะ
pen khɔ̌ɔŋ
sa-mùt-sǎa-khɔɔn khâ
ペン コォ̌ーン
サムッ̀(ト) サ̌ーコォーン カ̂

買い物を楽しむ

5

เป็นของอยุธยาค่ะ
pen khɔ̌ɔŋ a-yút-tha-yaa khâ
ペン コォ̌ーン アユッ́(ト)
タヤー カ̂

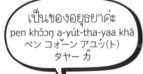

6

1250 บาทค่ะ
nɯ̀ŋ phan sɔ̌ɔŋ
rɔ́ɔy hâa sìp bàat khâ
ヌ̀ンパン ソォ̌ーンロォ́ーイ
ハ̂ースイッ̀(プ)
バ̀ーッ(ト) カ̂

7

ลดได้ 50 บาทค่ะ
lót dây hâa sìp bàat khâ
ロッ́(ト) ダ̂イハ̂ースィッ̀(プ)
バ̀ーッ(ト) カ̂

8

ได้ค่ะ ขอบคุณค่ะ
dây khâ khɔ̀ɔp-khun-khâ
ダ̂イカ̂ コォ̀ー(プ)クン カ̂

なるほど・ざ・タイ ④ 縁起の良い数字

●タイ人はどの数字が好き？

国ごとに数字にまつわる迷信があると思います。例えば、日本では「4」の発音が「死」と同じなので好ましくない、などです。タイでは、「6」の発音が「落ちる」と同じ意味なので好ましくないと考えられています。反対に国ごとに人気のある数字もあります。タイでは「9」が一番人気です。理由は「9」の発音が「前に進む・歩む」単語と同じだからです。また、自分の誕生日などに合う数字は、幸運を運ぶと信じられています。

●ナンバープレートと電話番号にも影響するの？

数字を気にする人は、電話番号や車のナンバープレートなどにこだわりを持つようです。例えば、９９９９のナンバープレートは競争入札になるぐらい人気があります。また、電話番号も商売が繁盛するための数字や、幸運を運ぶための数字を占い師と相談して選ぶ人もいます。

一方、縁起の悪い番号を選んだら、事故に遭ったり病気になったりすると信じている人もいます。数字と縁起の関係を信じていなくても、数字は人々の心に少なからず影響を及ぼしていると考えられます。例えば、日本の七五三、結婚 50 周年、100 歳になる日などは特別な瞬間なのではないでしょうか。

縁起の良い数字

トムヤム君はどの数字が好き？
僕は数字の5が好き。
どうして？
毎日笑えるからだよ！
5555
(ハハハハ)
555
555
555
555

47

クイズ4 買い物　解答

A：これをください。（直訳：この(小)物をください）

B：これより小さい形はありますか？

C：どこのものですか？

D：安くしてもらえますか？

E：他の形もありますか？

F：おいくらですか？

G：ベンヂャロン焼きのお椀はありますか？

H：この（小）物は？

ベンヂャロン焼きはどこで売っていますか？ เบญจรงค์ขายที่ไหนคะ ben-ca-roŋ khǎay thîi-nǎy khá ベンヂャロン カ̌ーイ ティ̂ーナ̌イ カ́	あちらです。 ที่โน่นค่ะ thîi nôon khâ ティ̂ーノ̂ーン カ̂

❶ G: ベンヂャロン焼きはありますか？ มีเบญจรงค์ไหมคะ mii ben-ca-roŋ mǎy khá ミー ベンヂャロン マ̌イ カ́	あります。 มีค่ะ mii khâ ミー カ̂
❷ E: 他の形もありますか？ มีแบบอื่นด้วยไหมคะ mii bɛ̀ɛp ɯ̀ɯn dûay mǎy khá ミー ベェ̀ー(プ) ウ̀ーン ドゥ̂ーワイ マ̌イ カ́	他の形もあります。 มีแบบอื่นด้วยค่ะ mii bɛ̀ɛp ɯ̀ɯn dûay khâ ミー ベェ̀ー(プ) ウ̀ーンドゥ̂ーワイ カ̂
❸ B: これより小さい形はありますか？ มีแบบเล็กกว่านี้ไหมคะ mii bɛ̀ɛp lék kwàa níi mǎy khá ミー ベェ̀ー(プ) レ́ッ(ク) グワ̀ーニ́ー マ̌イ カ́	これより小さい形もあります。 มีแบบเล็กกว่านี้ด้วยค่ะ mii bɛ̀ɛp lék kwàa níi dûay khâ ミー ベェ̀ー(プ) レ́ッ(ク) グワ̀ーニ́ー ドゥ̂ーワイ カ̂

❹ C: どこのものですか? เป็นของที่ไหนคะ pen khɔ̌ɔŋ thîi-nǎy khá ペンコォーンティーナイカ	サムットサーコォーンのものです。 เป็นของสมุทรสาครค่ะ pen khɔ̌ɔŋ sa-mùt-sǎa-khɔɔn khâ ペン コォーンサムッサーコォーン カ
❺ H: この(小)物は? อันนี้ล่ะคะ an níi lâ khá アン ニー ラ カ	アユタヤのものです。 เป็นของอยุธยาค่ะ pen khɔ̌ɔŋ a-yút-tha-yaa khâ ペン コォーン アユッ(ト) タヤー カ
❻ F: おいくらですか? ราคาเท่าไรคะ raa-khaa thâw-rày khá ラーカー タオライ カ	1250 バーツです。 1250 บาทค่ะ nɯ̀ŋ phan sɔ̌ɔŋ rɔ́ɔy hâa sìp bàat khâ ヌンパン ソォーンロォーイ ハースィッ(プ) バーッ(ト) カ
❼ D: 安くしてもらえますか? ช่วยลดให้หน่อยได้ไหมคะ chûay lót hây nɔ̀y dây máy khá チューワイ ロッ(ト) ハイノイ ダイマイ カ	できます。50バーツ安くできます。 ได้ค่ะ ลดได้ 50 บาทค่ะ dây khâ lót dây hâa sìp bàat khâ ダイ カ ロッ(ト) ダイ ハースィッ(プ) バーッ(ト) カ
❽ A: これをください。(この(小) 物をください) ขออันนี้ค่ะ khɔ̌ɔ an níi khâ コォー アン ニー カ	かしこまりました。ありがとうございます。 ได้ค่ะ ขอบคุณค่ะ dây khâ khɔ̀ɔp-khun-khâ ダイカ コォー(プ) クン カ

5日目

乗り物を楽しむ

タイにはいろんな乗り物があります。
一度乗ってみてください。
爽快な気分になるはずです。

考えてみよう

行き先、時間、乗り場などを聞きたい時の簡単な表現は何ですか？

行き方を尋ねる

ไป จตุจักร ยังไงดี

ไป	จตุจักร	ยังไงดี
pay	cà-tu-càk	yaŋ-ŋay dii
パイ	ヂャ̀トゥヂャ̀ッ(ク)	ヤン・ンガイ ディー
行く	チャトゥチャック	どうやって

どうやってチャトゥチャックへ行ったらいい？

ある場所への行き方やその手段を聞く時に〈ไป [pay パイ]+ ○○(場所) + ยังไงดี [yaŋ-ŋay dii ヤン・ンガイ ディー]〉を使います。

ยังไง [yaŋ-ŋay ヤン・ンガイ] は口語の時の発音ですが、辞書にある正しい書き方と発音は、อย่างไร [yàaŋ ray ヤーン ラ̀イ] です。

ไปจตุจักรยังไงดีครับ
pay cà-tu-càk yaŋ-ŋay dii khráp
パイ ヂャ̀トゥヂャ̀ッ(ク) ヤン・ンガイ ディークラ́ッ(プ)
どうやってヂャトゥヂャックへ行ったらいいですか？

ไปเชียงใหม่ยังไงดีคะ
pay chiaŋ-mày yaŋ-ŋay dii khá
パイ チィーアンマ̀イ ヤン・ンガイ ディーカ́
どうやってチェンマイへ行ったらいいですか？

ยังไง [yaŋ-ŋay] ヤン・ンガイ] の他の使い方

ยังไง [yaŋ-ŋay ヤン・ンガイ] の前に置く動詞を変えると、「やり方」の聞き方になります。

例）กินยังไง [kin yaŋ-ŋay ギン ヤン・ンガイ] 「どうやって食べる？」
　　เขียนยังไง [khǐan yaŋ-ŋay キ̌ィーアン ヤン・ンガイ] 「どうやって書く？」

49

手段を教える

นั่งรถไฟ ไป

nâŋ rót-fay pay

ナ̂ン ロッ́(ト)ファイ パイ

乗る 電車 行く

電車で行く。(電車に乗って行く)

「どうやって行く？」と聞かれた時の答え方は、〈〇〇(手段(動詞)) + ไป [pay パイ] 〇〇(手段(動詞))で行く〉です。

เดินไป

dəən pay

ドゥーン パイ

歩いて行く

นั่งรถแท็กซี่ไป

nâŋ rót thɛ́k-sîi pay

ナ̂ン ロッ́(ト) テェッ́(ク) シ̂ー パイ

タクシーで行く

(タクシーに乗って行く)

นั่งเรือไป

nâŋ rɯa pay

ナ̂ン ルゥーワ パイ

船で行く

(船に乗って行く)

นั่งรถตุ๊กๆไป

nâŋ rót túk-túk pay

ナ̂ンロッ́(ト) トゥッ́(ク) トゥッ́(ク) パイ

トゥックトゥックで行く

(トゥックトゥックに乗って行く)

นั่งมอเตอร์ไซค์ไป

nâŋ mɔɔ-təə-say pay

ナ̂ンモォートゥーサイパイ

バイクで行く

(バイクに乗って行く)

นั่งรถไฟไป

nâŋ rót-fay pay

ナ̂ン ロッ́(ト) ファイ パイ

電車で行く

(電車に乗って行く)

นั่งเครื่องบินไป

nâŋ khrɯ̂aŋ-bin pay

ナ̂ン クル̂ーアンビンパイ

飛行機で行く

(飛行機に乗って行く)

手段を教える時、ต้อง [tɔ̂ŋ ト̂ン]「必要がある」と一緒に使うことが多いです。

A: ไปยังไง [pay yaŋ-ŋay パイ ヤン・ンガイ]「どうやって行きますか？」

B: ต้องนั่งรถไฟไป [tɔ̂ŋ nâŋ rót-fay pay ト̂ンナ̂ンロッ́(ト) ファイパイ]

「電車に乗る必要があります」

この乗り物は○○（場所）へ行く？

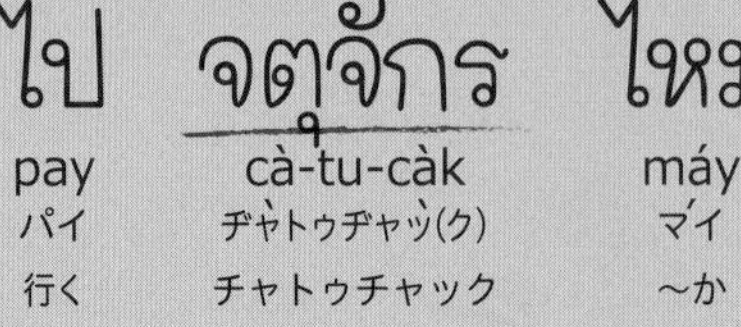

pay	cà-tu-càk	máy
パイ	ヂャ̀トゥヂャッ̀(ク)	マ́イ
行く	チャトゥチャック	～か

チャトゥチャックへ行く？

「（この電車などは）○○（場所）へ行きますか？」と聞きたい時に、〈ไป [pay パイ]＋○○＋ไหม [máy マ́イ]〉を使います。

答え方は、ไป [pay パイ]「行く」、ไม่ไป [mây pay マ̂イパイ]「行かない」です。

さらに、具体的な手段を述べて、「この電車 / このバスは○○（場所）へ行きますか？」などの聞き方もできます。

タイ語では乗り物を指す時、「～号、～台」を意味する類別詞を用いることが一般的です。

電車の場合は

(รถไฟ)ขบวนนี้ [(rót-fay) kha-buan níi
(ロッ́(ト)ファイ) カブーアン ニー́]　　この号（電車）

車、船の場合は

(รถ)　คันนี้ [(rót) khan níi　(ロッ́(ト)) カン ニー́]　　この台（車）
(เรือ)　ลำนี้ [(rɯa) lam níi　(ルゥーワ) ラ(ム)ニー́]　　この艘（船）

ไปจตุจักรไหมครับ
pay cà-tu-càk máy khráp
パイ ヂャ̀トゥヂャッ̀(ク)
マ́イ クラッ́(プ)
チャトゥチャックへ
行きますか?

ไปครับ
pay khráp
パイ クラッ́(プ)
行きます。

ไม่ไปค่ะ
mây pay khâ
マ̂イ パイ カ̂
行かないです。

ลำนี้ไปไอคอนสยามไหมคะ
lam níi pay ay-khɔɔn sa-yǎam máy khá
ラム ニー́ パイ
アイコォーンサヤー̌(ム) マ́イ カ́
この船はアイコンサヤームへ
行きますか?

ลำโน้นไปค่ะ
lam nóon pay khâ
ラム ノー́ン パイ カ̂
あの舟は行きます。

この乗り物はどこへ行く？

ขบวนนี้ ไปที่ไหน

ขบวนนี้	ไปที่ไหน
kha-buan níi	pay thîi-nǎy
カブーアンニ́ー	パイ ティ̂ーナ̌イ
この号（電車）	どこへ行く

この号（電車）はどこ行く？

「(この電車などは) どこへ行きますか」と聞きたい時に〈○○＋ไปที่ไหน [pay thîi-nǎy パイ ティ̂ーナ̌イ]〉を使います。

ที่ไหน [thîi-nǎy ティ̂ーナ̌イ] の ที่ [thîi ティ̂ー] を省略して、ไปไหน [pay nǎy パイ ナ̌イ] と言う人が多いです。

ขบวนนี้ไปที่ไหนครับ
kha-buan níi pay thîi-nǎy khráp
カブーアン ニ́ーパイ ティ̂ー
ナ̌イ クラ́ッ(プ)
この号（電車）はどこに行きますか？
ไปกาญจนบุรีค่ะ
pay kaan-ca-ná-bu-rii khâ
パイ ガーンチャナ́ブリー カ̂
ガンチャナブリーへ行きます。

ลำนี้ไปที่ไหนคะ
lam níi pay thîi-nǎy khá
ラム ニ́ー パイ ティ̂ーナ̌イ カ́
この艘(船)はどこへ行きますか？
ไปนนทบุรีค่ะ
pay non-tha-bu-rii khâ
パイ ノンタブリー カ̂
ノンタブリーへ行きます。

他に、「どの電車などが○○ (場所) へ行きますか？」と聞きたい時は、〈電車などの類別詞 + ไหน [nǎy ナ̌イ]〉を使います。

例）ขบวนไหน [kha-buan nǎy カブーアン ナ̌イ]「どの号(電車)？」、คันไหน [khan nǎy カン ナ̌イ]「どの台(車)？」、ลำไหน [lam nǎy ラム ナ̌イ]「どの艘(船)？」

คันไหนไปอยุธยาครับ
khan nǎy pay a-yút-tha-yaa khráp
カン ナ̌イ
パイ アユ́ッ(ト) タヤー クラ́ッ(プ)
どの台(車)がアユタヤへ行きますか？

คันนี้ครับ
khan níi khráp
カン ニ́ー クラ́ッ(プ)
この台(車)です。

53 切符を買う

ขอซื้อตั๋ว	ไปเชียงใหม่	2 ใบ
khɔ̌ɔ sɯ́ɯ tǔa	pay chiaŋ-mày	sɔ̌ɔŋ bay
コォˇー スー́ トゥˇーワ	パイ チィーアンマ̀イ	ソォˇーン バイ
切符を買わせてください	チェンマイへ行く	2 枚

チェンマイへ行く切符を 2 枚ください。

切符以外を買いたい時は、〈ขอซื้อ [khɔ̌ɔ sɯ́ɯ コォˇースー́]「〜を買わせてください」＋欲しいもの＋数＋類別詞〉の順で用います。

例）ขอซื้อโปสการ์ด 1 ใบ [khɔ̌ɔ sɯ́ɯ pòot-sa-káat nɯ̀ŋ bay コォˇー スー́ ポー̀ッ(ト) サガー́(ト) ヌ̀ン バイ]「ポストカード 1 枚をください」

ขอซื้อตั๋วไปเชียงใหม่ 2 ใบค่ะ
khɔ̌ɔ sɯ́ɯ tǔa pay chiaŋ-mày sɔ̌ɔŋ bay khâ
コォˇー スー́ トゥˇーワ パイ チィーアンマ̀イ ソォˇーン バイ カ̂
チェンマイへ行く切符を 2 枚ください。

นี่ค่ะ
nîi khâ
ニ̂ー カ̂
これです。

TICKET

ขอซื้อตั๋วผู้ใหญ่ 1 คน
เด็ก 1 คนครับ
khɔ̌ɔ sɯ́ɯ tǔa phûu-yày nɯ̀ŋ khon
dèk nɯ̀ŋ khon khráp
コォ̌ー スˊー トゥˇーワ プˆーヤˋイ ヌˋン
コン デッˋ(ク) ヌˋン コン クラッˊ(プ)
大人の切符を１人分、
子供１人分をください。

ครับ
khráp
クラッˊ(プ)
はい。

TICKET

乗り物によく使う単語

ไป pay＋場所 パイ 場所へ行く	ไปกลับ pay klàp ＋場所 パイ グラッˋ(プ) 場所へ往復で行く	เที่ยวเดียวไป thîaw-diaw pay＋場所 ティˆーアオ ディーアオ パイ 場所へ片道で行く	คน 数＋ khon コン 数字人	ใบ 数＋ bay バイ 数字枚
ผู้ใหญ่ phûu-yày プˆーヤˋイ 大人		เด็ก dèk デッˋ(ク) 子供		

例) ขอซื้อตั๋วไปกลับกรุงเทพฯ 1 คน [khɔ̌ɔ sɯ́ɯ tǔa pay klàp kruŋthêep nɯ̀ŋ khon コォ̌ー スˊー トゥˇーワ パイ グラッˋ(プ) グルンテˆー(プ) ヌˋン コン]

「バンコクへ行く往復切符を１人分ください」

かかる時間を聞く

ไปไอคอนสยาม ใช้เวลาเท่าไร

pay ay-khɔn sa-yǎam チャイ
パイ アイ コォン サヤ̌ー(ム)
アイコンサヤームへ行く

cháy wee-laa thâw-rày
チャ́イ ウェーラー タ̂オラ̀イ
何時間を使う

アイコンサヤームへ行くのに何時間かかる？

どのぐらい時間がかかるかを聞きたい時〈○○ + ใช้เวลาเท่าไร [cháy wee-laa thâw-rày チャ́イ ウェーラー タ̂オラ̀イ]〉を使います。

答え方は、10 นาที [sìp naa-thii スィ̀ッ(プ) ナーティー]「10分」、1 ชั่วโมง [nɯ̀ŋ chûa-mooŋ ヌ̀ン チュ̂ーワモーン]「1時間」、1 วัน [nɯ̀ŋ wan ヌン ワ̀ン]「1日」などです。他にประมาณ [pra-maan プラマーン]「ぐらい」を入れて ใช้เวลาประมาณเท่าไร [cháy wee-laa pra-maan thâw-rày チャ́イ ウェーラー プラマーン タ̂オラ̀イ]「どのぐらい時間がかかりますか?」もよく使います。

ไปไอคอนสยามใช้เวลาเท่าไรคะ
pay ay-khɔɔn sa-yǎam cháy wee-laa thâw-rày khá
パイ アイコォーン サヤ̌ー(ム) チャ́イ
ウェーラー タ̂オラ̀イ カ́
アイコン サヤームへ行くのに
何時間かかりますか？
30 นาทีครับ
sǎam sìp naa-thii khráp
サ̌ー(ム) スィ̀ッ(プ)
ナーティー クラ́ッ(プ)
30分です。

30分は、「30 นาที [sǎam sìp naa-thii] サ̌ー(ム) スィ̀ッ(プ) ナーティ」または「ครึ่งชั่วโมง [khrɯ̂ŋ chûa-mooŋ] クル̂ン チュ̂ーワモーン (半時間)」と言います。

時間によく使う単語

นาที naa-thii ナーティー 分	ชั่วโมง chûa-mooŋ チュ̂ーワモーン 時間	วัน wan ワン 日(間)

何時に出発する？

รถ	มา/ออก	กี่โมง
rót	maa/ɔ̀ɔk	kìi mooŋ
ロッ́(ト)	マー / オ̀ー(ク)	ギ̀ーモーン
車	来る / 出発する	何時？

車は何時に来る？ / 出発する？

何時に来るか、出発するかを聞く時に使う便利な言い方です。時間の言い方も覚えましょう。

รถออกกี่โมงคะ
rót ɔ̀ɔk kìi mooŋ khá
ロッ́(ト) オ̀ー(ク) ギ̀ー
モーン カ́
何時に車が出発しますか？

บ่ายโมง 15 นาทีครับ
bàay mooŋ sìp hâa naa thii khráp
バ̀ーイ モーン スィッ̀(プ) ハ̂ー
ナーティー クラッ́(プ)
午後１時 15 分です。

รถไฟมากี่โมงครับ
rót-fay maa kìi mooŋ khráp
ロッ́(ト) ファイ マー
ギ̀ーモーン クラッ́(プ)
何時に電車が来ますか？

อีก 5 นาทีมาครับ
ìik hâa naa-thii maa khráp
イ̀ー(ク) ハ̂ー ナーティー
マー クラッ́(プ)
あと 5 分で来ます。

อีก ìik イー̀(ク) あと	อีก 5 นาทีออก [ìik hâa naa-thii ɔ̀ɔk イー̀(ク) ハー̂ ナーティー オー̀(ク)] あと5分で出発する。 อีก 15 นาทีมา [ìik sìp hâa naa-thii maa イー̀(ク) スィッ̀(プ) ハー̂ ナーティーマー] あと15分で来る。
ประมาณ pra-maan プラ マーン だいたい	ประมาณ 1 ชั่วโมง [pra-maan nɯ̀ŋ chûa-mooŋ プラ マーン ヌ̀ン チュ̂ーワモーン] 大体1時間だ。
รอ rɔɔ 待つ	รอ 5 นาที [rɔɔ hâa naa-thii ロォー ハー̂ ナーティー] 5分待つ。 รอสักครู่ [rɔɔ sàk khrûu ロォー サッ̀(ク) クルー̂] 少々お待ちください。

知らない時 はっきり 分からない時	ไม่ทราบค่ะ/ครับ [mây sâap khâ/khráp マ̂イ サー̂(プ) カ̂ / クラッ́(プ)] 知りません。 เดี๋ยวมา [dǐaw maa ディー̌アオ マー] あとで来る。
もう 出発した	ออกไปแล้ว [ɔ̀ɔk pay lɛ́ɛw オー̀(ク) パイ レェー́オ] もう出発した。

時刻の数え方

タイの時刻は、昔の6時間制を採用しています。6時間制とは、1から6までしか数えない時間の数え方です。例えば、6時以降だと、7時を数えず、1時からスタートします！そのため、どの時間帯の1時かを区別できるように、夜1時（19時）、夜中1時（1時）などの言葉を入れます。

タイ語の「夜」や「夜中」や「午後」などの単語は、昔時刻を知らせていた楽器の音に由来します。

太陽がある時間帯は、太鼓を使って โมง[mooŋ モーン]の音を出します。

夜太陽がない時間帯は、二つに分けて、零時までは鐘を使って ทุ่ม [thûm トゥ̂(ム)] の音を出し、午前1時から5時は金属の楽器を使って ตี [tii ティー]の音を出します。同じ数を叩いても楽器の音で時間帯を区別できました。昔の人の知恵です。

เช้า
cháaw
チャ́ーオ
朝

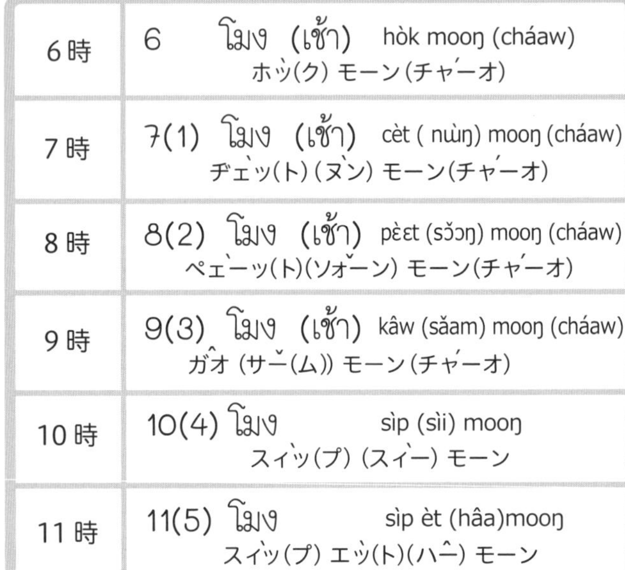

6時	6 โมง (เช้า) hòk mooŋ (cháaw) ホッ̀(ク) モーン(チャ́ーオ)
7時	7(1) โมง (เช้า) cèt (nùŋ) mooŋ (cháaw) ヂェ̀ッ(ト)(ヌ̀ン) モーン(チャ́ーオ)
8時	8(2) โมง (เช้า) pɛ̀ɛt (sɔ̌ɔŋ) mooŋ (cháaw) ペェ̀ーッ(ト)(ソォ̌ーン) モーン(チャ́ーオ)
9時	9(3) โมง (เช้า) kâw (sǎam) mooŋ (cháaw) ガ̂オ (サ̌ー(ム)) モーン(チャ́ーオ)
10時	10(4) โมง sìp (sìi) mooŋ スイ̀ッ(プ) (スイ̀ー) モーン
11時	11(5) โมง sìp èt (hâa)mooŋ スイ̀ッ(プ) エッ̀(ト)(ハ̂ー) モーン

เที่ยง (วัน)
thîaŋ (wan)
ティ̂ーアン(ワン)
正午

( )内の数字は昔の数え方です。最近朝の時間帯は12時間制を使う人が増えてきました。

บ่าย
bàay
バ̀ーイ
午後

1時	บ่าย (1) โมง bàay (nùŋ) mooŋ バ̀ーイ(ヌ̀ン) モーン（1はよく省略しています。）
2時	บ่าย 2 (โมง) bàay sɔ̌ɔŋ (mooŋ) バ̀ーイソォ̌ーン(モーン)
3時	บ่าย 3 (โมง) bàay sǎam (mooŋ) バ̀ーイサ̌ー(ム)(モーン)

เย็น
yen
イェン
夕方

4時	4 โมง (เย็น) sìi mooŋ (yen) スイ̀ーモーン(イェン)
5時	5 โมง (เย็น) hâa mooŋ (yen) ハ̂ー モーン(イェン)
6時	6 โมง (เย็น) hòk mooŋ (yen) ホッ̀(ク) モーン(イェン)

ทุ่ม
thûm
トゥ̂(ム)
夜

7 時	1ทุ่ม nɯ̀ŋ thûm ヌ̀ン トゥ̂(ム)
8 時	2ทุ่ม sɔ̌ɔŋ thûm ソォ̌ーン トゥ̂(ム)
9 時	3ทุ่ม sǎam thûm サ̌ー(ム) トゥ̂(ム)
10 時	4ทุ่ม sìi thûm スィ̀ートゥ̂(ム)
11 時	5ทุ่ม hâa thûm ハ̂ートゥ̂(ム)

零時 เที่ยงคืน
thîaŋ khɯɯn
ティ̂ーアンクーン

夜 ตี
tii
ティー
夜中（朝）

1 時	ตี 1 tii nɯ̀ŋ ティーヌ̀ン
2 時	ตี 2 tii sɔ̌ɔŋ ティーソォ̌ーン
3 時	ตี 3 tii sǎam ティー サ̌ー(ム)
4 時	ตี 4 tii sìi ティースィ̀ー
5 時	ตี 5 tii hâa ティーハ̂ー

乗り物を楽しむ

フレーズのまとめ

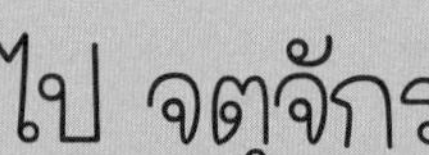

ไป จตุจักร ยังไงดี

pay cà-tu-càk yaŋ-ŋay dii

パイ ヂャ̀トゥヂャ̀ッ(ク) ヤン・ンガイ ディー

どうやってチャトゥチャックへ行ったらいい?

นั่งรถไฟ ไป

nâŋ rót-fay pay

ナ̂ン ロ́ッ(ト)ファイ パイ

電車で行く。(電車に乗って行く)

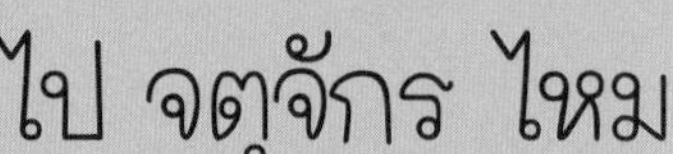

ไป จตุจักร ไหม

pay cà-tu-càk máy

パイ ヂャ̀トゥヂャ̀ッ(ク) マ́イ

チャトゥチャックへ行く？

ขบวนนี้ ไปที่ไหน

kha-buan níi pay thîi-nǎy

カブーアンニ́ー パイ ティ̂ーナ̌イ

この号（電車）はどこに行く？

ขอซื้อตั๋ว ไปเชียงใหม่ 2ใบ

khɔ̌ɔ sɯ́ɯ tǔa pay chiaŋ-mày sɔ̌ɔŋ bay

コ̌ォー ス́ー トゥ̌ーワ パイ チィーアンマ̀イ ソ̌ォーン バイ

チェンマイへ行く切符を２枚ください。

ไปไอคอนสยาม ใช้เวลาเท่าไร

pay ay-khɔɔn sa-yǎam cháy wee-laa thâw-rày

パイ アイ コォーン サヤ̌ー(ム) チャ́イ ウェーラー タ̂オラ̀イ

アイコンサヤームへ行くのに何時間かかる？

รถ มา/ออก กี่โมง

rót maa/ʔɔ̀ɔk kìi mooŋ

ロ́ッ(ト) マー／オ̀ー(ク) ギ̀ーモーン

車は何時に来る？／出発する？

クイズ5-1 出発しよう

レベル ★★★★☆
25点

吹き出しに当てはまる言葉を選んで入れましょう。

A: ออกกี่โมงคะ [ɔ̀ɔk kìi mooŋ khá オ̀ー(ク) ギ̀ー モーン カ́]

B: คันนี้ไปที่ไหนคะ [khan níi pay thîi-nǎy khá カンニ́ー パイ ティ̂ーナ̌イ カ́]

C: ขบวนนี้ไปจตุจักรไหมคะ [kha-buan níi pay cà-tu-càk máy khá
カブーアン ニ́ー パイ ヂ̀ャトゥヂャッ(ク) マ́イカ́]

D: ใช้เวลากี่นาทีคะ [cháy wee-laa kìi naa-thii khá
チ́ャイ ウェーラー ギ̀ー ナーティー カ́]

E: ขอซื้อตั๋วผู้ใหญ่ 2 เด็ก 2 ค่ะ [khɔ̌ɔ sɯ́ɯ tǔa phûu-yày sɔ̌ɔŋ dèk sɔ̌ɔŋ khâ
コ̌ォー ス́ートゥーワ プ̂ーヤ̀イ ソ̌ォーン デ̀ッ(ク) ソ̌ォーン カ̂]

❶

ไม่ไปจตุจักรครับ
mây pay cà-tu-càk khráp
マ̂イパイ ヂ̀ャトゥ
ヂャ̀ッ(ク) クラ́ッ(プ)

คันนี้ไปพระรามสี่ค่ะ
khan níi pay phra-raam sìi khâ
カンニ́ー パイ プララー(ム)
ス̀ィー カ̂

นี่คะ
nîi khá
ニ̂ー カ́

❹

ใช้เวลา 10 นาทีค่ะ
cháy wee-laa sìp naa-thii khâ
チ́ャイ ウェーラー ス̀ィッ(プ)
ナーティー カ̂

❺

อีกครึ่งชั่วโมงออกครับ
ìik khrɯ̂ŋ chûa-mooŋ ɔ̀ɔk khráp
イー(ク) クル̂ン チュ̂ーワモーン
オ̀ー(ク) クラ́ッ(プ)

クイズ 5-2 今何時？

レベル ★★★★☆
24 点

今何時ですか？タイ語で教えてください。

❶ 朝 9 時

....

❷ 正午

....

❸ 午後 2 時

....

❹ 午後 6 時

....

❺ 夜 7 時

....

❻ 零時

....

❼ 朝 4 時

....

❽ 朝 6 時

....

TUK TUK

なるほど・ざ・タイ⑤ 夢

●この夢はどういう意味？

寝ている時に見る夢が現実世界に影響を及ぼすことを信じますか？タイでは、見る夢によって、実際に何かが起こると考えられています。例えば、夢で象を見ると目上の人から思いがけず良いことやものがもたらされると考えられています。また、犬に噛まれた夢を見ると、敵やライバル、苦手な人から嫌なことがもたらされると考えられています。この他、歯が抜けた夢を見ると、年上の親戚が他界すると考えられています。良い夢ならいいですが、悪い夢を見ると心配になりますね。タイでは悪い夢を見た時の解決策もあり、夢を見た朝にお坊さんに托鉢したり、お寺にお参りをしたり、食べられそうな魚を逃がしたりして徳を積むことで、実際に起こることを避けたり、影響を緩和したりすることができると考えられています。

また、夢を見る曜日によって影響が変わると考えられています。例えば、土曜日に見た夢は自分に影響し、月曜日は親戚や兄弟・友達・親に影響すると考えられています。

●夢と数字は関係がある？

この他、数字を当てる夢もあります。例えば、４本脚の普通の動物は４、象は９、木は６などです。これらの数字は思いがけない運をもたらすと考えられ、宝くじを買う人が多いです。タイでは夢について書かれた本がたくさんあります。興味があれば一冊手にとってみてはいかがでしょうか。

夢

昨日自分が
カオマンガイを
食べている夢を見たよ。
そうか、きっと
食べたいんだな。
そしたら、
宝くじを買ったらどう？
食べる夢なら、ええーと、
8の数字がいいかな。
（宝くじの当選発表日）
เลขที่ออก
084
わー！
一等賞が当たった！！
一生カオマンガイを
買って食べられる！
084

🎧61 クイズ 5-1　出発しよう　解答

A:何時に出発しますか？　B:この台(車)はどこへ行きますか？　C:この号(電車)はチャトゥチャックへ行きますか？
D:何分かかりますか？　E:大人２人と子供２人の切符をください。

❶ C:この号(電車)はチャトゥ・チャックへ行きますか。 ขบวนนี้ไปจตุจักรไหมคะ kha-buan níi pay cà-tu-càk mǎy khá カブーアン ニー パイ チャトゥチャッ(ク) マイ カ	チャトゥチャックへ行きません。 ไม่ไปจตุจักรครับ mây pay cà-tu-càk khráp マイパイ ヂャトゥヂャッ(ク) クラッ(プ)
❷ B:この台(車)はどこへ行きますか。 คันนี้ไปที่ไหนคะ khan níi pay thîi-nǎy khá カンニー パイ ティーナイ カ	この台(車)はパラームスィーへ行きます。 คันนี้ไปพระรามสี่ค่ะ khan níi pay phra-raam sìi khâ カンニー パイ プララー(ム) スィー カ
❸ E:大人２人と子供２人の切符を下さい。 ขอซื้อตั๋วผู้ใหญ่ 2 เด็ก 2 ค่ะ khɔ̌ɔ sɯ́ɯ tǔa phûu-yày sɔ̌ɔŋ dèk sɔ̌ɔŋ khâ コォー スートゥーワ プーヤイ ソォーン デッ(ク) ソォーン カ	これです。 นี่คะ nîi khá ニー カ
❹ D:何分かかりますか？ ใช้เวลากี่นาทีคะ cháy wee-laa kìi naa-thii khá チャイ ウェーラー ギー ナーティー カ	10分かかります。 ใช้เวลา 10 นาทีค่ะ cháy wee-laa sìp naa-thii khâ チャイ ウェーラー スィッ(プ) ナーティー カ
❺ A:何時に出発しますか？ ออกกี่โมงคะ ɔ̀ɔk kìi mooŋ khá オー(ク) ギー モーン カ	あと30分で出ます。 อีกครึ่งชั่วโมงออกครับ ìik khrɯ̂ŋ chûa-mooŋ ɔ̀ɔk khráp イー(ク) クルン チューワモーン オー(ク) クラッ(プ)

🎧62 クイズ 5-2　今何時？　解答

❶ 9 โมงเช้า　[kâw mooŋ cháw]　ガオ モーン チャオ　朝９時
❷ เที่ยง(วัน)　[thîaŋ (wan)]　ティーアン ワン　正午
❸ บ่าย 2 โมง　[bàay sɔ̌ɔŋ mooŋ]　バーイソォーン モーン　午後２時
❹ 6 โมงเย็น　[hòk mooŋ yen]　ホッ(ク) モーン イェン　午後６時
❺ 1 ทุ่ม　[nɯ̀ŋ thûm]　ヌン トゥム　夜７時
❻ เที่ยงคืน　[thîaŋ khɯɯn]　ティーアン クーン　零時
❼ ตี 4　[tii sìi]　ティー スィー　朝４時
❽ 6 โมงเช้า　[hòk mooŋ cháw]　ホッ(ク) モーン チャ　朝６時

6日目
カルチャーを楽しむ

タイでは楽しいことがいっぱい待っています。
健康的なマッサージ、快適なスパ、
気分爽快なスポーツ、華麗なショー、
神秘的な舞踊など。タイの文化が、
あなたとの良い出会いを
楽しみにしています。

考えてみよう

スパやレストランの予約をしたい時、
一人あたりの値段を知りたい時、
依頼する時、どのように聞いたらいいですか？

予約する

ขอจอง สปาคอร์สนี้

ขอจอง	สปาคอร์สนี้
khɔ̌ɔ cɔɔŋ	sa-paa khɔ̂ɔt níi
コォ̌ーヂォーン	サパー コォ̂ー(ト) ニー́
予約させてください	このスパのコース

このスパコースの予約をお願いします。

相手に予約の許しを求める場合、ขอจอง [khɔ̌ɔ cɔɔŋ コォ̌ー ヂォーン]「予約させてください」を使います。ขอจอง [khɔ̌ɔ cɔɔŋ コォ̌ー ヂォーン]のあとに予約したいこと、人数などを言います。

ขอจองสปาราคอร์สนี้ค่ะ
khɔ̌ɔ cɔɔŋ sa-paa khɔ̂ɔt níi khâ
コォ̌ー ヂォーン サパー
コォ̂ー(ト) ニー́ カ̂
このスパコースの予約を
お願いします。

ได้ค่ะ
dây khâ
ダ̂イカ̂
かしこまりました。
(できます)

Spa

INFORMATION

ขอจองดำน้ำ 2 คนค่ะ
khɔ̌ɔ cɔɔŋ dam-náam sɔ̌ɔŋ khon khâ
コオ̌ー ヂォーン ダ(ム)
ナ́ー(ム) ソオ̌ーン コン カ̂
2人分のダイビングの
予約をさせてください。

ได้ครับ
dây khráp
ダ̂イクラ́ッ(プ)
かしこまりました。
(できます)

予約でよく使う単語

ดำน้ำ dam-náam ダ(ム) ナ́ー(ム) ダイビング	ห้องพัก hɔ̂ŋ phák ホ̂ンパ́ッ(ク) 泊まる部屋	นวดแผนโบราณ nûat phɛ̌ɛn boo-raan ヌウ̂ーワッ(ト) ペ̌ーン ボーラーン タイ古式マッサージ	รอบเช้า rɔ̂ɔp cháaw ロオ̂ー(プ) チャ́ーオ 朝の間	1 ชั่วโมง nɯ̀ŋ chûa-mooŋ ヌ̀ン チュ̂ーワ モーン 一時間
โชว์ choo チョー ショー	ห้องเห็นทะเล hɔ̂ŋ hěn tha-lee ホ̂ン ヘ̌ン タレー 海が見える部屋	นวดตัว nûat tua ヌウ̂ーワッ(ト)トゥーワ 全身マッサージ	รอบบ่าย rɔ̂ɔp bàay ロオ̂ー(プ)バ̀ーイ 午後の間	1 คน nɯ̀ŋ khon ヌ̀ン コン 一人
ทัวร์ thua トゥーワ ツアー	นวดเท้า nûat tháaw ヌウ̂ーワッ(ト)タ́ーオ 足マッサージ	รอบนี้ rɔ̂ɔp níi ロオ̂ー (プ) ニ́ー この回	รอบเย็น rɔ̂ɔp yen ロオ̂ープ イェン 晩の間	1 คืน nɯ̀ŋ khɯɯn ヌ̀ンクーン 一泊

予約を伝える

จองไว้	2 คน	2人分 予約している。
cɔɔŋ wáy	sɔ̌ɔŋ khon	
ヂォーン ワ́イ	ソォ̌ーン コン	
予約しておく	2人	

前もって予約してある場合は、お店の人に〈จองไว้ [cɔɔŋ wáy ヂォーン ワ́イ]＋予約内容〉と伝えます。

お店の人から予約してあるかどうかと聞かれた時、以下のように答えます。

จองแล้วหรือยังคะ [cɔɔŋ lɛ́ɛw-rɯ̌ɯ-yaŋ khá ヂォーン レェ́ーオ ル̌ー ヤン カ́]

「予約しましたか？(したかあるいはまだか)」

または、จองไว้หรือเปล่าคะ [cɔɔŋ wáy rɯ̌ɯ-plàaw khá ヂォーン ワ́イ ル̌ー プラ̀オ カ́]「予約していますか？」

答え まだの場合

ยังไม่ได้จองครับ [yaŋ mây dây cɔɔŋ khráp ヤン マ̂イ ダ̂イ ヂォーンクラッ́(プ)]「まだ予約していません」

ยัง [yaŋ ヤン] は「まだ」、「ไม่ได้ [mây dây マ̂イ ダ̂イ] は「していない」という意味です。

既にしてある場合

จอง(ไว้)แล้วครับ [cɔɔŋ (wáy) lɛ́ɛw khráp ヂォーン(ワ́イ) レェ́ーオ クラッ́(プ)]「(すでに) 予約しています」

แล้ว [lɛ́ɛw レェ́ーオ] は「もう～した」という意味です。

予約に関する他の表現

เต็มค่ะ	tem khâ	テ(ム) カ̂	いっぱいです。
รอนานไหมคะ	rɔɔ naan máy khá	ロォー ナーン マ́イカ́	長く待ちますか？
อีก 3 คิวค่ะ	ìik sǎam khiu khâ	イ̀ー(ク) サ̌ー(ム) キウ カ̂	あと3組です。
จะจองไว้ไหมคะ	ca cɔɔŋ wáy máy khá	ヂャヂォーン ワ́イ マ́イ カ́	予約しておきますか？
จะรอไหมคะ	ca rɔɔ máy khá	ヂャロォー マ́イカ́	待ちますか？
รอค่ะ	rɔɔ khâ	ロォーカ̂	待ちます。

จองไว้หรือเปล่าครับ
cɔɔŋ wáy rʉ̌ʉ-plàaw khráp
ヂォーン ワ́イ ルー̌
プ̀ラオ クラ́ッ(プ)
予約していますか？

จองไว้แล้วค่ะ จองไว้ 2 คน ชื่อกุ้งค่ะ
cɔɔŋ wáy lɛ́ɛw khâ
cɔɔŋ wáy sɔ̌ɔŋ khon chʉ̂ʉ kûŋ khâ
ヂォーン ワ́イ レェ́ーオ　カ̂
ヂォーン ワ́イ ソォ̌ーン コン チュ̂ー グ̂ン カ̂
もう予約しています。2人分予約しています。
名前はグンです。

ดำน้ำ

カルチャーを楽しむ

1人あたりいくら？

คน	ละเท่าไร	1人いくら？
khon コン （1）人	lá thâw-rày ラ́ タ̂オライ̀ ～につきいくら？	

「1つ/1人につきいくらですか？」と聞きたい時に〈○○+ ละเท่าไร [lá thâw-rày ラ́ タ̂オライ̀]〉を使います。

ละ [lá ラ́] は数1（最小単位）あたりの値段を聞く時に用います。ละ [lá ラ́] の前には類別詞を入れ、後ろには値段や数字を入れます。〈類別詞+ ละ [lá ラ́]+数字〉

例）ชั่วโมงละเท่าไร [chûa-mooŋ lá thâw-rày チュ̂ーワ モーン ラ́ タ̂オライ̀]

1時間あたりいくらですか？

เที่ยวละเท่าไร [thîaw lá thâw-rày ティ̂ーアオ ラ́ タ̂オライ̀]「片道いくらですか？」

วันละ 500 บาท [wan lá hâa rɔ́ɔy bàat ワン ラ́ ハ̂ー ロオ́ーイ バーッ̀(ト)]

「1日500バーツです。」

บุฟเฟ่ต์คนละเท่าไรครับ
búp-fêe khon lá thâw-rày khráp
ブッ́(プ) フェ̂ー コン ラ́ タ̂オライ̀ クラッ́(プ)
ブッフェは1人いくらですか？
คนละ 300 บาทครับ
khon lá sǎam rɔ́ɔy bàat khráp
コン ラ́ サ̌ー(ム) ロオ́ーイ バーッ̀(ト) クラッ́(プ)
1人300バーツです。
หมูกระทะ

ละ [lá ラッ́] の前に入れる類別詞の例

คน khon コン 人（にん）	ชั่วโมง chûa-mooŋ チュ̂ーワモーン 時間	เที่ยว thîaw ティ̂ーアオ 片道	วัน wan ワン 日
รอบ rɔ̂ɔp ロオ̂ー(プ) 周・回・間	ครั้ง khráŋ クラ́ン 回	คอร์ส khɔ̂ɔt コオ̂ー(ト) コース	นาที naa-thii ナーティー 分

何人？
กี่ คน
kìi khon
ギー コン
何～ 人の類別詞
何人？

กี่ [kìi ギー] は「数」を聞きたい時に用いる疑問詞で、後ろに類別詞が来ます。

例） กี่นาที kìi naa-thii ギー ナーティー「何分？」
กี่บาท kìi bàat ギー バーッ(ト)「何バーツ？」
กี่ครั้ง kìi khráŋ ギー クラン「何回？」

 กี่ [kìi ギー] とよく一緒に使う類別詞は ละ [lá ラ] でよく使うものと同じです。

จองกี่คนคะ
cɔɔŋ kìi khon khá
ヂォーン ギー コン カ
何人の予約をしますか？
จอง 2 คนครับ
cɔɔŋ sɔ̌ɔŋ khon khráp
ヂォーン ソォーン
コン クラッ(プ)
2人の予約です。

 1人の場合は คนเดียว [khon diaw コンディーアオ] と言います。

พักกี่คืนครับ
phák kìi khɯɯn khráp
パッ(ク) ギー クーン クラッ(プ)
何泊泊まりますか？
HOTEL
พัก 2 คืนครับ
phák sɔ̌ɔŋ khɯɯn khráp
パッ(ク) ソォーン クーン
クラッ(プ)
2泊泊まります。

カルチャーを楽しむ

お願いする

ช่วย นวดเบาๆ ให้หน่อย

ช่วย	นวดเบาๆ	ให้หน่อย
chûay	nûat baw baw	hây nɔ̀y
チューワイ	ヌヴーワ バオ バオ	ハイノイ
手伝う	弱くもむ	ちょっと（あげる／くれる）

弱くもんでくれますか？

相手に丁寧にお願いする時、〈ช่วย [chûay チューワイ]＋○○＋ให้หน่อย [hây nɔ̀y ハイノイ]〉と言います。

ช่วย [chûay チューワイ] を入れずに、〈○○＋ให้หน่อย [hây nɔ̀y ハイノイ]〉だけで使うと、軽い命令になりますので注意しましょう。

また、このお願いが可能かどうかを聞きたい時は、ได้ไหม [dây máy ダイマイ]「可能ですか?」を文末に付け、〈ช่วย [chûay チューワイ]＋○○＋ให้หน่อยได้ไหม [hây nɔ̀y dây máy ハイノイダイ マイ]〉「○○をしていただけませんか?」とします。

ช่วยนวดเบาๆ ให้หน่อยครับ
chûay nûat baw baw
hây nɔ̀y khráp
チューワイ ヌヴーワ バオ バオ
ハイノイ クラッ(プ)
弱くもんでください。

ค่ะ
khâ
カ
かしこまりました。

67

ช่วยถ่ายรูปให้หน่อยได้ไหมคะ
chûay thàay rûup hây
nɔ̀y dây máy khá
チュ̂ーワイ タ̀ーイル̂ー(プ)
ハ̂イノ̀イ ダ̂イ マ́イ　カ́
写真を撮ってくれませんか？
ได้ครับ
dây khráp
ダ̂イ クラ́ッ(プ)
いいですよ。
(できます)

相手にお願いする表現の例

〈ช่วย [chûay チュ̂ーワイ] +○○+ ให้หน่อย [hây nɔ̀y ハ̂イノ̀イ]〉

นวดเบาๆ nûat baw baw ヌ̂ーワ バオ バオ 弱くもむ	นวดตรงนี้ nûat troŋ níi ヌ̂ーワ トロンニ́ー ここをもむ	จอด cɔ̀ɔt ヂ̀ョーッ(ト) 止まる	ติดต่อสถานทูต tìt tɔ̀ɔ sa-thǎan thûut ティ̀ッ(ト) ト̀ォー サタ̌ーントゥ̂ーッ(ト) 大使館に連絡する
ขับช้าๆ khàp cháa cháa カ̀ッ(プ) チャ́ー チャ́ー ゆっくり運転する	เปลี่ยน plìan プリ̀ーアン 変える	นวดแรงๆ nûat rɛɛŋ rɛɛŋ ヌ̂ーワ レェーン レェーン 強くもむ	ถ่ายรูป thàay rûup タ̀ーイ ル̂ー(プ) 写真を撮る
กดมิเตอร์ kòt mí-tɤ̂ə ゴ̀ッ(ト) ミ́トゥ̂ー メーターを押す	ตามคนที่พูดญี่ปุ่นได้ taam khon thîi phûut yîi-pùn dây ター(ム) コン ティ̂ー プ̂ーッ(ト) イ̂ープ̀ン ダ̂イ 日本語が話せる人を呼ぶ	พูดช้าๆ phûut cháa cháa プ̂ーッ(ト) チャ́ーチャ́ー ゆっくり話す	พาไป phaa pay パー パイ 連れて行く

他に慣用句として ช่วยด้วย [chûay dûay チュ̂ーワイ ドゥ̂ーワイ]「助けて！」があります。

70 マッサージでよく使う体の部位の単語

例）ช่วยนวดหัวให้หน่อยครับ [chûay nûat hǔa hây nɔ̀y khráp]

チュ̂ーワイ ヌ̂ォーワ フ̌ォーワ ハ̂イノ̀イ クラ́ッ(プ)　頭をもんでください。

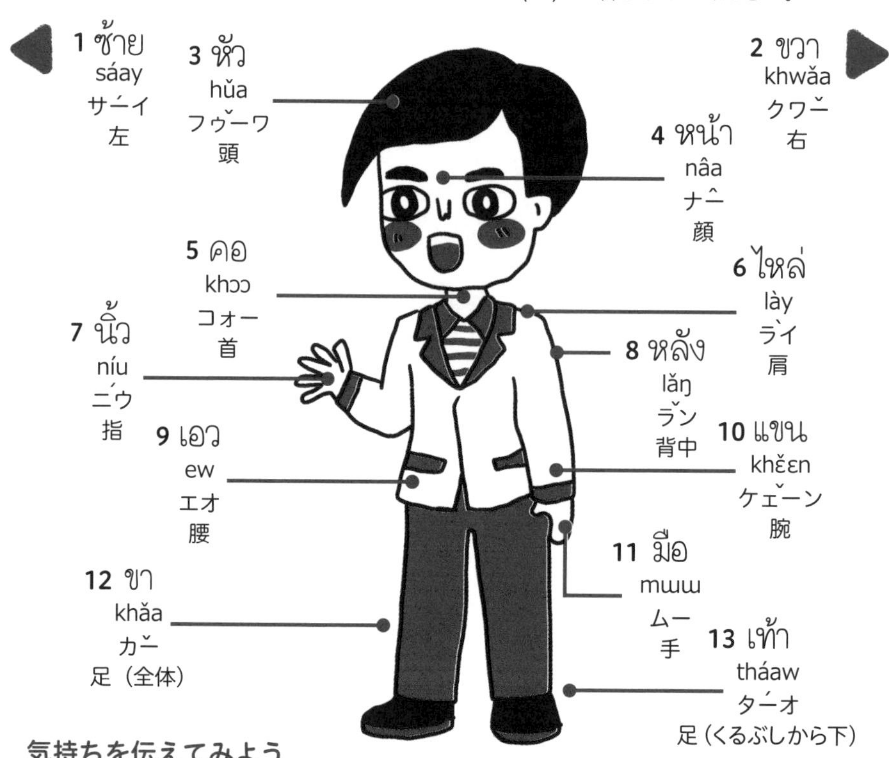

気持ちを伝えてみよう

例）A: จั๊กจี้ไหมคะ [cák-ka-cîi máy khá ヂャ́ッガヂ̂ー マ́イ カ́]「くすぐったいですか?」

B: จั๊กจี้ครับ [cák-ka-cîi khráp ヂャ́ッガヂ̂ー　クラ́ッ(プ)]「くすぐったいです」

A: เจ็บไหมคะ [cèp máy khá ヂェ̀ッ(プ) マ́イ カ́]「痛いですか？」

B: ไม่เจ็บครับ [mây cèp khráp マ̂イ ヂェ̀ッ(プ) クラ́ッ(プ)]「痛くないです」

สบาย sa-baay サバーイ 快適・気持ちいい・楽	เจ็บ cèp ヂェ̀ッ(プ) 痛い	จั๊กจี้ cák-ka-cîi ヂャ́ッガヂ̂ー くすぐったい	ง่วงนอน ŋûaŋ nɔɔn ング̂ーワン ノォーン 眠い
ดี dii ディー 良い	ชอบ chɔ̂ɔp チォ̂ー(プ) 好き	แรงเกินไป rɛɛŋ kəən pay レェーン グーン パイ 弱すぎる	เบาเกินไป baw kəən pay バオ グーン パイ 強すぎる

71

フレーズのまとめ

ขอจอง สปาคอร์สนี้

khɔ̌ɔ cɔɔŋ sa-paa khɔ̂ɔt níi

コオˇーヂォーン サパー コオ^ー(ト) ニー´

このスパコースの予約をお願いします。

จองไว้ 2 คน

cɔɔŋ wáy sɔ̌ɔŋ khon

ヂォーン ワ´イ ソオˇーンコン

2人分予約している。

คน ละเท่าไร

khon lá thâw-rày

コン ラ´ タ^オラ`イ

1人いくら？

กี่ คน

kìi khon

ギ`ー コン

何人？

ช่วย นวดเบาๆ ให้หน่อย

chûay nûat baw baw hây nɔ̀y

チュ^ーワイ ヌウ^ーワ バオ バオ ハ^イ ノ`イ

弱くもんでくれますか？

クイズ6 予約する

レベル ★★★☆☆
24点

吹き出しに当てはまる言葉を選んで入れましょう。

1．スパの受付で（8点）

A ขอจองคอร์สนี้ค่ะ
khɔ̌ɔ cɔɔŋ khɔ̂ɔt níi khâ
コオ̌ー ヂォーン コオ̂ー(ト) ニ́ー カ̂

B ไม่ได้จองค่ะ
mây dây cɔɔŋ khâ
マ̂イダ̂イ ヂォーン カ̂

C นวดอาโรม่าชั่วโมงละเท่าไรคะ
nûat aa-roo-mâa chûa-mooŋ lá thâw-rày khá
ヌウ̂ーワッ(ト) アー ロー マ̂ー チュ̂ーワモーン ラ́ タ̂オラ̀イ カ́

D 2 คนค่ะ
sɔ̌ɔŋ khon khâ
ソオ̌ーン コン カ̂

❶
สวัสดีค่ะ
จองไว้หรือเปล่าคะ
sa-wàt-dii khâ cɔɔŋ wáy rʉ̌ʉ-plàw khá
サワ̀ッ(ト) ディーカ̂
ヂォーン ワ́イ ル̌ープラ̀オ カ́

……………

❷
กี่คนคะ
kìi khon khá
ギ̀ーコン カ́

……………

❸
ชั่วโมงละ
2000 บาทค่ะ
chûa-mooŋ lá sɔ̌ɔŋ phan bàat khâ
チュ̂ーワ モーン ラ́ ソオ̌ーン パン
バ̀ーッ(ト) カ̂

……………

❹
สปา
-SPA-

……………

2．マッサージ店で（8点）

A ช่วยนวดไหล่ให้ด้วยค่ะ
chûay nûat lày hây dûay khâ
チュ̂ーワイ ヌ̂ーワッ(ト) ラ̀イ ハ̂イ ドゥ̂ーワイ カ̂

B สบายค่ะ
sa-baay khâ
サバーイ カ̂

C ไม่เจ็บค่ะ
mây cèp khâ
マ̂イヂェッ̀(プ) カ̂

D นวดตรงนี้ด้วยค่ะ
nûat troŋ níi dûay khâ
ヌ̂ーワ トロンニ́ー ドゥ̂ーワイ カ̂

1
สบายไหมคะ
a-baay máy khá
サバーイ マ́イカ́
2
เจ็บไหมคะ
cèp máy khá
ヂェッ̀(プ) マ́イカ́
3
ไหล่นะคะ ได้ค่ะ
lày ná khá dây khâ
ラ̀イ ナ́ カ́ ダ̂イ カ̂
4

3．レストランで（8点）

A รอนานไหมครับ
rɔɔ naan máy khráp
ロォー ナーン マ́イ クラ́ッ(プ)

B ไม่ได้จองครับ
mây dây cɔɔŋ khráp
マ̂イダ̂イ ヂォーン クラ́ッ(プ)

C 6 คนครับ
hòk khon khráp
ホ̀ッ(ク) コン クラ́ッ(プ)

D รอครับ
rɔɔ khráp
ロォー クラ́ッ(プ)

1
จองไว้หรือเปล่าครับ
cɔɔŋ wáy rʉ̌ʉ-plàw khráp
ヂォーンワ́イ ルˇー プラ̀オ クラ́ッ(プ)
2
กี่คนครับ
kìi khon khráp
ギ̀ーコン クラ́ッ(プ)
3
อีก 5 คิวครับ
ìik hâa khiu khráp
イ̀ー(ク) ハ̂ー キウ クラ́ッ(プ)
4
จะรอไหมครับ
ca rɔɔ máy khráp
ヂャ ロォー マ́イ クラ́ッ(プ)

なるほど・ざ・タイ ❻ お化け

●タイのお化けはどういうお化け？

お化けは実際にいると信じていますか？信じていないけど、怖いと思っている人が多いと思います。内容や種類は違うものの、国ごとにお化けの話があります。タイでも有名なお化けの話がいくつかあるので紹介します。まず、「ピーグラスー」です。このお化けは、女性の体の中に入っていて、夜になると頭と内臓だけ抜けてでてきます。ふわふわと浮きながら薄暗く光り、血のついた生ものや、汚いものを探して食べます。そのため、人々は夜に血のついたものを外に干さないようにしています。次は「ピーナーンターニー」です。「ターニー」という種類のバナナの木の中に住んでいる女性のお化けです。このお化けは美人で、女性に悪いことをした男性に罰を与えると言われています。そのため人々は家の近くにはこのバナナの木を植えないようにしています。最後は「ピーメェーナー(ク)」です。ご主人が出征中、母子ともに出産で死んでしまった女性がお化けになって戦争から戻って来るご主人を待っている、という実話にもとづく有名なお化けです。怖くも、悲しいお話です。この話は映画にもなっているので、興味がある人は是非探してみて下さい。

●お化けや呪いをどうやって防ぐ？

お化けの他に、様々な呪いもあります。呪いをどうやって防げばよいでしょうか？タイでは、お守りを持つ、お経を唱える、夜に変な音が聞こえたら声をかけない、安全ピンを服に付けるなどして呪いを防ぐようにしています。特に妊婦さんの中には悪いことから赤ちゃんを守るために安全ピンを服に付けている人もいます。呪いは姿が見えないので、お化けより怖いかもしれません。お化けは人間とは違う世界に生きているので、もしばったり出会ってしまった時は、お化けも人間にびっくりしているかもしれませんね。

お化け

黒い影！
あれは何？
มา～มา～
誰なの？
何て言っているの？
タイ語で話しているから
よく分からない。トムヤム君、
この人は何と言ってるの？
มา～มา～
キャー！
お化けー！
何と言ってたの？
意味が分からない！

72

クイズ6 予約する　解答

1. A このコースの予約をお願いします。 B 予約していないです。
C アロママッサージは1時間いくらですか？ D 2人です。

① こんにちは。予約してありますか?
สวัสดีค่ะ จองไว้หรือเปล่าคะ
sa-wàt-dii khâ cɔɔŋ wáy rɯ̌ɯ-plàw khá
サワッ(ト)ディーカ チョーン ワイ ループラオ カ

B：予約していないです。
ไม่ได้จองค่ะ
mây dây cɔɔŋ khâ
マイダイ チョーン カ

② 何人ですか?
กี่คนคะ
kìi khon khá
ギーコン カ

D：2人です。
2 คนค่ะ
sɔ̌ɔŋ khon khâ
ソォーン コン カ

③ C：アロママッサージは1時間いくらですか?
นวดอาโรม่าชั่วโมงละเท่าไรคะ
nûat aa roo mâa chûa-mooŋ lá thâw- rày khá
ヌゥーワッ(ト) アー ロー マー
チューワモーン ラ タオライ カ

1時間2000バーツです。
ชั่วโมงละ 2000 บาทค่ะ
chûa-mooŋ lá sɔ̌ɔŋ phan bàat khâ
チューワ モーン ラ ソォーン パン バーッ(ト) カ

④ A：このコースの予約をお願いします。
ขอจองคอร์สนี้ค่ะ
khɔ̌ɔ cɔɔŋ khɔ̂ɔt níi khâ
コォー チョーン
コォー(ト) ニー カ

2. A 肩もマッサージしてください。(肩のマッサージもお願いします)
B 気持ちいいです。 C 痛くないです。 D ここもお願いします。

① 気持ちいいですか?
สบายไหมคะ
sa-baay máy khá
サバーイ マイカ

B：気持ちいいです。
สบายค่ะ
sa-baay khâ
サバーイ カ

② 痛いですか?
เจ็บไหมคะ
cèp máy khá
チェッ(プ) マイカ

C：痛くないです。
ไม่เจ็บค่ะ
mây cèp khâ
マイチェッ(プ) カ

③ A： 肩もマッサージをしてください。

ช่วยนวดไหล่ให้ด้วยค่ะ

chûay nûat lày hây dûay khâ

チュ̂ーワイ ヌウ̂ーワッ(ト) ラ̀イハ̂イ ドゥ̂ーワイ カ̂

肩ですね。かしこまりました。(直訳：できます)

ไหล่นะคะ ได้ค่ะ

lày ná khá dây khâ

ラ̀イ ナ́ カ́ ダ̂イ カ̂

④ D： ここもお願いします。

นวดตรงนี้ด้วยค่ะ

nûat troŋ níi dûay khâ

ヌウ̂ーワ トロンニ́ー ドゥ̂ーワイ カ̂

3\. **A** 長く待ちますか？ **B** 予約していないです。
C 6人です。 **D** 待ちます。

① 予約してありますか？

จองไว้หรือเปล่าครับ

cɔɔŋ wáy rɯ̌ɯ-plàw khráp

ヂォーンワ́イ ルˇー プラ̀オ クラ́ッ(プ)

B： 予約していないです。

ไม่ได้จองครับ

mây dây cɔɔŋ khráp

マ̂イダ̂イ ヂォーン クラ́ッ(プ)

② 何人ですか？

กี่คนครับ

kìi khon khráp

ギ̀ーコン クラ́ッ(プ)

C： 6人です。

6 คนครับ

hòk khon khráp

ホ̀ッ(ク) コン クラ́ッ(プ)

③ A： 長く待ちますか？

รอนานไหมครับ

rɔɔ naan máy khráp

ロォー ナーン マ́イ クラ́ッ(プ)

あと5組です。

อีก 5 คิวครับ

ìik hâa khiu khráp

イ̀ー(ク) ハ̂ー キウ クラ́ッ(プ)

④ 待ちますか？

จะรอไหมครับ

ca rɔɔ máy khráp

ヂャ ロォー マ́イ クラ́ッ(プ)

D： 待ちます。

รอครับ

rɔɔ khráp

ロォー クラ́ッ(プ)

7日目

日常生活を楽しむ

季節、果物、祭り、
タイ人の習慣に触れてみましょう。

考えてみよう

「曜日、月、季節、天気」をタイ語で
言いたい時、何と言いますか？

曜日

วันนี้	วันจันทร์	今日は月曜日。
wan-níi	wan can	
ワンニ́ー	ワンヂャン	
今日	月曜日	

「今日は○○曜日です」と言いたい時、〈วันนี้วัน [wan-níi wan ワン ニ́ー ワン]＋○○〉と言います。

この文は動詞を省略しています。入る動詞は、通常 เป็น [pen ペン]「は～です」です。วันนี้เป็นวันจันทร์ [wan-níi pen wan can ワンニ́ー ペン ワンヂャン]「今日は月曜日です」

「何曜日？」と質問する時、อะไร [a-ray アライ]「何？」を使います。

พรุ่งนี้วันอะไรคะ
phrûŋ-níi wan a-ray khá
プル̂ンニー́ ワン アライ カ́
明日は何曜日ですか？

พรุ่งนี้วันอังคารค่ะ
phrûŋ-níi wan aŋ-khaan khâ
プル̂ンニー́ ワン アンカーン カ̂
明日は火曜日です。

☕ タイでは曜日に色を付けています。また、タイ人は自分が何曜日に生まれたか、ほとんどの人が知っています。

จันทร์ can ヂャン 月	อังคาร aŋ-khaan アンカーン 火	พุธ phút プッ́(ト) 水	พฤหัสบดี pha-rɯ́-hàt-sà-bɔɔ-dii パルー́ハッ̀(ト)サ̀ボォーディー 木	ศุกร์ sùk スッ̀(ク) 金	เสาร์ sǎw サ̌オ 土	อาทิตย์ aa-thít アーティッ́(ト) 日
เหลือง lɯ̌aŋ ルゥ̌ーワン 黄色	ชมพู chom-phuu チョ(ム)プー ピンク	เขียว khǐaw キィ̌ーアオ 緑	แสด sɛ̀ɛt セェ̀ーッ(ト) オレンジ	ฟ้า fáa ファー́ 水色	ม่วง mûaŋ ムゥ̂ーワン 紫	แดง dɛɛŋ デェーン 赤

เมื่อวานซืน mɯ̂a-waan-sɯɯn ムゥ̂ーワ ワーン スーン 一昨日	เมื่อวาน mɯ̂a-waan ムゥ̂ーワ ワーン 昨日	วันนี้ wan-níi ワン ニー́ 今日	พรุ่งนี้ phrûŋ-níi プル̂ン ニー́ 明日	มะรืนนี้ ma-rɯɯn-níi マ ルーン ニー́ 明後日

วันสงกรานต์ วันที่เท่าไร

วันสงกรานต์
wan sǒŋ-kraan
ワン ソ̌ングラーン
タイの水かけ祭りの日

วันที่เท่าไร
wan-thîi thâw-rày
ワンティ̂ー タ̂オラ̀イ
何日

ソングラーンの日は何日？

「この日は何日ですか？」と聞きたい時、〈○○＋วันที่เท่าไร [wan-thîi thâw-rày ワンティ̂ー タ̂オラ̀イ]〉と言います。

この文は動詞を省略しています。入る動詞は、通常 เป็น [pen ペン]「は～です」です。
วันสงกรานต์เป็นวันที่เท่าไร [wan sǒŋ-kraan pen wan-thîi thâw-rày ワン ソ̌ングラーン ペン ワンティ̂ー タ̂オラ̀イ]「ソングラーンの日は何日ですか？」
「何日？」と質問する時、数を聞く疑問詞（いくら／いくつ）เท่าไร [thâw-rày タ̂オラ̀イ] を使います。

วันสงกรานต์วันที่ เท่าไรครับ
wan sǒŋ-kraan wan-thîi thâw-rày khráp
ワン ソ̌ングラーン ワンティ̂ー タ̂オラ̀イ クラ́ッ(プ)
ソングラーンの日は何日ですか。
วันสงกรานต์วันที่ 13 ค่ะ
wan sǒŋ-kraan wan-thîi sìp sǎam khâ
ワン ソ̌ングラーン ワンティ̂ー スィ̀ッ(プ) サ̌ー(ム) カ̂
ソングラーンの日は13日です。

「生まれた日は何日ですか？」と聞きたい時、เกิด [kə̀ət グ̀ーッ(ト)] ＋ วันที่เท่าไร [wan-thîi thâw-rày ワンティ̂ー タ̂オラ̀イ] と言います。

A: เกิดวันที่เท่าไรครับ [kə̀ət wan-thîi thâw-rày khráp グ̀ーッ(ト) ワン ティ̂ータ̂オラ̀イ クラ́ッ(プ)]「何日生まれですか？」

B: วันที่ 10 ค่ะ [wan-thîi sìp khâ ワンティ̂ー スィ̀ッ(プ) カ̂]「10日です」

76 **月**

เดือนนี้	เดือนกุมภาพันธ์	今月は２月です。
dwan níi	dwan kum-phaa-phan	
ドゥーワン ニー	ドゥーワン グ（ム）パーパン	
今月	２月	

「今月は○○月です」と言いたい時、〈เดือนนี้เดือน [dwan-níi dwan ドゥーワン ニー ドゥーワン] ＋○○〉と言います。

この文は動詞を省略しています。入る動詞は、通常 เป็น [pen ペン]「は～です」です。
เดือนนี้เป็นเดือนกุมภาพันธ์ [dwan níi pen dwan kum-phaa-phan ドゥーワン ニー ペン ドゥーワン グ(ム) パーパン]「今月は２月です」

「何月？」と質問する時、อะไร [a-ray アライ]「何？」を使います。

เดือนนี้เดือนอะไรคะ
dwan-níi dwan a-ray khá
ドゥーワン ニー ドゥーワン アライカ
今月は何月ですか？

เดือนนี้เดือนกุมภาพันธ์ค่ะ
dwan-níi dwan kum-phaa-phan khâ
ドゥーワン ニー ドゥーワン グ(ム) パーパンカ
今月は２月です。

先月、今月、来月

2 เดือนที่แล้ว	เดือนที่แล้ว	เดือนนี้	เดือนหน้า	อีก 2 เดือน
sɔ̌ɔŋ dwan thîi-lɛ́ɛw	dwan thîi-lɛ́ɛw	dwan-níi	dwan-nâa	ìik sɔ̌ɔŋ dwan
ソォーン ドゥーワン ティー レェーオ	ドゥーワン ティー レェーオ	ドゥーワン ニー	ドゥーワン ナー	イー(ク) ソォーン ドゥーワン
先々月	先月	今月	来月	再来月

 月

タイの月の呼び方は、日本のように１月、２月と数字で呼ぶのではなく、各月に名前があります。また、タイの記念日や祭りは、農業や仏教に関するものが多く、文化が暦にも反映されています。各月の名前と、代表的な記念日や祭りを見てみましょう。

タイの月の呼び方を見ると、その月が３０日あるか３１日あるか、すぐ分かりますよ！

คม khom コ(ム) で終わる月は、３１日あります。

ยน yon ヨンで終わる月は、３０日あります。

พันธ์ phan パンで終わる月は、２８日か２９日あります。２月ですね。

一月 มกราคม má-ka-raa-khom マ́ガラーコ（ム）

วันปีใหม่ [wan pii-mày]
ワン ピーマ̀イ　元旦

วันเด็ก [wan dèk]
ワン デッ̀(ク)　子供の日

二月 กุมภาพันธ์ kum-phaa-phan グ(ム)パーパン

วันมาฆบูชา [wan maa-khá-buu-chaa]
ワン マーカ́ブーチャー
万仏節：1250 人の僧が偶然に集まって仏陀の説法を聞いた日

三月 มีนาคม mii-naa-khom ミーナーコ（ム）

วันช้างไทย [wan cháaŋ thay]
ワン チャ́ーンタイ 象の日

四月 เมษายน mee-sǎa-yon メーサ̌ーヨン

วันจักรี [wan càk-krii]
ワン ヂャッ̀グリー　チャッグリー王朝記念日

วันสงกรานต์ [wan sǒŋ-kraan]
ワン ソ̌ングラーン　タイの正月（水かけ祭り）

วันผู้สูงอายุ [wan phûu sǔuŋ aa-yú]
ワン プ̂ー スˇーンアーユ́　敬老の日

วันครอบครัว [wan khrɔ̂ɔp-khrua]
ワン クロオ̂ー(プ) クルーア　家族の日

五月 พฤษภาคม phrʉ́t-sa-phaa-khom プルッ́サパーコ(ム)

วันแรงงาน [wan rɛɛŋ ŋaan]
ワン レェーン ンガーン 労働の日

วันฉัตรมงคล [wan chàt moŋ khon]
ワン チャッ̀(ト) モン コン　国王戴冠記念日

วันพืชมงคล [wan phʉ̂ʉt moŋ-khon]
ワンプ̂ーッ(ト) モンコン
農耕祭：農業の豊作を願って儀式を行う祭り

วันวิสาขบูชา [wan wí-sǎa-khà-buu-chaa]
ワン ウィ́サˇーカ̀ブーチャー
仏誕節：仏陀の誕生・悟り・涅槃を記念する日

六月 มิถุนายน mí-thù-naa-yon ミ́トゥ̀ナーヨン

วันสุนทรภู่ [wan sǔn-thon-phûu]
ワン スˇントンプ̂ー
スントンプーの日：タイの代表的な詩人の誕生日

กรกฎาคม kà-rá-kà-daa-khom
ガラガダーコ(ム)

วันอาสาฬหบูชา
aa-sǎan-ha-buu-chaa
アー サーンハブーチャー
三宝節：仏・法・僧の三宝が成立した日

สิงหาคม sǐŋ-hǎa-khom
スィンハーコ(ム)

วันแม่
wan mɛ̂ɛ
ワン メェー
母の日

กันยายน kan-yaa-yon
ガンヤーヨン

วันมหิดล
wan ma-hì-don
ワン　マヒドン
医療の父の日

十月

ตุลาคม tù-laa-khom
トゥラーコ(ム)

วันปิยะมหาราช
wan pì-ya-ma-hǎa-râat
ワン ピヤマハーラーッ(ト)
ラーマ５世が崩御した日

พฤศจิกายน
phrʉ́t-sa-cì-kaa-yon
プルッサヂガーヨン

วันลอยกระทง
wan lɔɔy kra-thoŋ
ワン ロォーイ グラトン
ロイクラトンの日
（水に感謝する祭り）

ธันวาคม
than-waa-khom
タンワーコ(ム)

วันพ่อ
wan phɔ̂ɔ
ワン ポォー
父の日

タイの日にちの書き順は日本と逆です。「曜日＋日にち＋月＋年」になります。

วันศุกร์ wan sùk ワンスッ(ク) 金曜日	ที่ 29 thîi yîi sìp kâw ティーイー スィッ(プ) ガオ 29日	กุมภาพันธ์ kum-phaa-phan グ(ム) パーパン 2月	ปี 2000 pii sɔ̌ɔŋ phan ピー ソォーンパン ２０００年

季節

หน้านี้ หน้าทุเรียน

หน้านี้	หน้าทุเรียน
nâa níi	nâa thú-rian
ナ^ニ´	ナ^ トゥゥ́リィーアン
この季節	ドリアンの季節

この季節はドリアンの季節。

果物について、「この季節は○○（果物）の季節」と言いたい時、〈หน้านี้หน้า [nâa níi nâa ナ^ ニ´ ナ^] +○○〉と言います。

この文は動詞を省略しています。入る動詞は、通常 เป็น [pen ペン]「は～です」です。หน้านี้เป็นหน้าทุเรียน [nâa níi pen nâa thú-rian ナーニ^ ペン ナー トゥゥ́リィ́ーアン]「この季節はドリアンの季節です」

「何の季節？」と質問する時、อะไร [a-ray アライ]「何」を使います。

หน้านี้หน้าอะไรครับ
nâa níi nâa a-ray khráp
ナ^ ニ´ ナ^ アライ クラ́ッ(プ)
この季節は何の季節ですか？
หน้ามะม่วงค่ะ
nâa ma-mûaŋ khâ
ナ^ マムゥ^ワン カ^
マンゴーの季節です。

果物や気温に対して หน้า [nâa ナ^]「季節」を使うことが多いですが、もう一つの ฤดู [rʉ́-duu ルドゥ́ー]「季節」は果物に対して使いません。

タイの季節は３つに分けられます。雨季、冬（乾季）、夏です。

雨季	冬（乾季）	夏
ฤดูฝน rʉ́-duu fǒn ルドゥー フォ̌ンは、5月中旬から10月中旬までの５か月間です。	ฤดูหนาว rʉ́-duu nǎaw ルドゥー ナ̌ーオは、11月中旬から２月中旬までの３か月間です。	ฤดูร้อน rʉ́-duu rɔ́ɔn ルドゥー ロォ́ーンは、２月中旬から５月中旬までの３か月間です。

10月中旬から11月中旬は、どの季節かはっきりしない季節で、季節の変わり目のため、ปลายฝนต้นหนาว [plaay fǒn tôn nǎaw プラーイ フォ̌ン ト^ン ナ̌ーオ]「雨季の下旬から冬の初旬」と言われています。

タイの果物

タイでは1年中太陽が輝き、農業には恵まれた環境です。そのため、野菜や果物が豊富に採れ、1年を通していろいろな種類を食べられます。タイの果物を季節ごとに見てみましょう。

季節ごとの代表的な果物

1年中ある果物

ส้ม	มะพร้าว	กล้วย	สับปะรด	แตงโม	ฝรั่ง	มะละกอ
sôm	ma-phráaw	klûay	sàp-pa-rót	tɛɛŋ-moo	fa-ràŋ	ma-lá-kɔɔ
ソ̂ム	マプラ́ーオ	グル̂ーアイ	サ̀ッ(プ)パ ロ́ッ(ト)	テーンモー	ファラ̀ン	マラ́ゴォー
みかん	ココナッツ	バナナ	パイナップル	スイカ	グァバ	パパイヤ

夏

มะม่วง	ทุเรียน	เงาะ
ma-mûaŋ	thú-rian	ŋɔ́
マムワ̂ーワン	トゥ́リィーアン	ンゴ́ォ
マンゴー	ドリアン	ランブータン

雨季

มังคุด	ลำไย	น้อยหน่า	ส้มโอ	มะขาม
maŋ-khút	lam-yay	nɔ́ɔy-nàa	sôm-oo	ma-khǎam
マンクッ́(ト)	ラ(ム) ヤイ	ノ́ォーイナ̀ー	ソ̂(ム)オー	マカ̌ー(ム)
マンゴスチン	りゅうがん	しゃかとう	ザボン	タマリンド

冬

ลองกอง	พุทรา	ชมพู่มะเหมี่ยว	องุ่น
lɔɔŋ-kɔɔŋ	phút saa	chom-phûu ma-mìaw	a-ŋùn
ロォーン ゴォーン	プッ́(ト)サー	チョムプ̂ー マミ̀ィーアオ	アグ̀ン
ロンコーン	ナツメ	ローズアップル	ブドウ

天気

วันนี้ อากาศดี

wan-níi ワンニー 今日 / aa-kàat dii アーガーッ(ト) ディー いい天気

今日は天気がいい。

「今日は天気が○○です」と言いたい時、〈วันนี้ [wan-níi ワンニー] + อากาศ [aa-kàat アーガーッ(ト)] + ○○〉と言います。

この文は動詞を省略しています。入る動詞は、มี [mii ミー]「～がいる / ある」です。วันนี้มีอากาศดี [wan-níi mii aa-kàat dii ワンニー ミー アーガー(ト) ディー]「今日は天気がいいです」

「今日の天気はどうですか？」と質問する時、เป็นยังไง [pen yaŋ-ŋay ペン ヤン・ンガイ] を使います。วันนี้อากาศเป็นยังไง [wan níi aa-kàat pen yaŋ-ŋay ワン ニー アーガーッ(ト) ペン ヤン・ンガイ]「今日の天気はどうですか？」

วันนี้อากาศเป็นยังไงคะ
wan-níi aa-kàat pen yaŋ-ŋay khá
ワンニー アーガーッ(ト) ペン ヤン・ンガイ カ
今日の天気はどうですか？
วันนี้อากาศสดชื่น สบายครับ
wan-níi aa-kàat sòt-chûwn sa-baay khráp
ワンニー アーガーッ(ト) ソッ(ト) チューン サバーイ クラッ(プ)
今日は天気が爽やかで、快適です。

形容詞の場合は อากาศ [aa-kàat アーガーッ(ト)] を省略することもできます。

例）วันนี้หนาว [wan-níi nǎaw ワンニー ナーオ]「今日は寒いです」

色々な天気〈วันนี้ [wan-níi ワンニー] + 天気〉

อากาศดี aa-kàat dii アーガーッ(ト) ディー いい天気＊	สดชื่น sòt-chûwn ソッ(ト) チューン 爽やかな	เย็นสบาย yen sa-baay イェン サバーイ 涼しくて快適な	เย็น yen イェン 涼しい	ฝนตก fǒn tòk フォントッ(ク) 雨が降る＊＊	ลมแรง lom rɛɛŋ ロ(ム) レェーン 風が強い＊＊
ร้อน rɔ́ɔn ロォーン 暑い	ร้อนอบอ้าว rɔ́ɔn òp-âaw ロォーンオッ(プ) アーオ 蒸し暑い	สบาย (สบ๊าย) sa-baay (sa-báay) サバーイ (サバーイ) 快適な	หนาว nǎaw ナーオ 寒い	หิมะตก hì-má tòk ヒマ トッ(ク) 雪が降る＊＊	มีพายุ mii phaa-yú ミー パーユ 台風がある＊＊

＊「いい天気」は อากาศ [aa-kàat アーガーッ(ト)]「天気」を省略できません。

＊＊ อากาศ [aa-kàat アーガーッ(ト)]「天気」を入れずにそのまま使います。

例）วันนี้ลมแรง [wan níi lom rɛɛŋ ワンニー ロ(ム) レェーン]「今日風が強い」

フレーズのまとめ

วันนี้　วันจันทร์

wan-níi　wan can

ワンニ́ー　ワンヂャン

今日は月曜日。

วันสงกรานต์　วันที่เท่าไร

wan sǒŋ-kraan　wan-thîi thâw-rày

ワン ソ̌ングラーン　ワンティ̂ー ダ̂オラ̀イ

ソングラーンの日は何日？

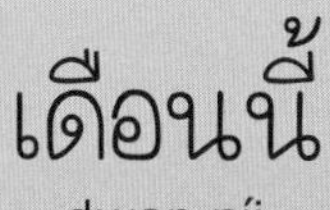

เดือนนี้　เดือนกุมภาพันธ์

dɯan níi　dɯan kum-phaa-phan

ドゥーワン ニ́ー　ドゥーワン グ(ム) パーパン

今月は２月。

หน้านี้　หน้าทุเรียน

nâa níi　nâa thú-rian

ナ̂ーニ́ー　ナ̂ー トゥ́ゥリィーアン

この季節はドリアンの季節。

วันนี้　อากาศดี

wan-níi　aa-kàat dii

ワンニ́ー　アーガ̀ーッ(ト) ディー

今日はいい天気。

クイズ7-1 日にち

レベル ★★★★☆
24点

カレンダーと絵を見て以下の質問にタイ語で答えましょう。

今日
16日

❶ วันนี้วันอะไร [wan-níi wan a-ray ワンニー ワン アライ]

....

❷ พรุ่งนี้วันที่เท่าไร [phrûŋ-níi wan-thîi thâw-rày
プルンニー ワンティー タオライ]

....

❸ เดือนที่แล้วเดือนอะไร [dɯan thîi-lɛ́ɛw dɯan a-ray
ドゥーワン ティーレーオ ドゥーワン アライ]

....

❹ วันนี้วันเดือนปีอะไร [wan-níi wan dɯan pii a-ray
ワンニー ワン ドゥーワン ピー アライ]
今日の日付は何ですか？（年月日曜日）

....

❺ ลอยกระทงวันที่เท่าไร
[lɔɔy-kra-thoŋ wan-thîi thâw-rày
ロォーイグラトン ワンティー タオライ]

....

ロイクラトンの日 11日

❻ วันพ่อเดือนอะไร
[wan phɔ̂ɔ dɯan a-ray ワン ポォー ドゥーワン アライ]

....

父の日 5日

❼ หน้านี้หน้าอะไร
[nâa níi nâa a-ray ナーニー ナー アライ]

ドリアン

....

❽ ฤดูนี้ฤดูอะไร
[rɯ́-duu níi rɯ́-duu a-ray ルドゥー ニー ルドゥー アライ]

雨季

....

クイズ 7-2 天気

レベル ★★★☆☆
24点

タイ語で天気を教えてください。

例）เมื่อวานฝนตก [mûa-waan fǒn tòk ム̂ーワワーン フォ̌ントッ̀(ク)] 昨日は雨が降った。

なるほど・ざ・タイ ⑦ 神様と神聖なるもの

●タイの神様と神聖なるものは何？

神様と神聖なるものは古代から人間と密接な関係にあると考えられてきました。例えば、ギリシャ神話に出て来る星の名前や、インドの神様の物語などです。日本にも風の神様や、ほこらなどの自然と人間を守る神様がいます。タイの神様には、古来インドのバラモン教とヒンドゥー教の影響で、両方の宗教の神様がいます。有名なのはバンコクの都心にあるヒンドゥー教の神様プラプロ(ム)です。タイ人だけではなく外国人にも敬われています。祈ったことを叶えてくれることで有名です。バラモン教とヒンドゥー教の後に仏教がタイに入りました。タイの仏教の教えでは、人間として生きているうちに良いこと(善行を積むこと)をすれば死後天国で暮らすことができるとされています。その天国に暮らしている人はテーワダー(男)、ナーンファー(女)という神様になります。

●一人一人を守っている神様がいるの？

これらの神様は、自分のお父さんお母さんであったり、縁のある人であったりします。そして、縁のある人間、またはいい人間を守ると、天国でも善行を積むことができるので、困った人を助け、いい人を守ってくれます。それゆえ、一人一人を守っている神様がいると考えられています。頼れる人がいない時でも、困った時に助けてくれる神様がいると思えば心が強くなりますね。

神様と神聖なるもの

けん君、何を祈ったの？
毎日カオマンガイを食べられますようにと祈ったよ。叶ったらお礼にタイ式舞踊を捧げます。
（数日後）
わぁ～宝くじでまた一等賞に当たった！祈ったおかげだね。このお金で毎日カオマンガイを食べよう。
102
（お礼参りの日）
タイ式舞踊ってどうやって踊るの？
けん君、自分で踊らなくてもいいんだよ！踊り子に頼むんだよ。ほら、あそこ。

🔊83

クイズ7-1 日にち　解答

❶ 今日は何曜日？ วันนี้วันอะไร wan-níi wan a-ray ワンニ́ー ワン アライ	今日は金曜日。 วันนี้วันศุกร์ wan-níi wan sùk ワン ニ́ー ワン スッ̀(ク)
❷ 明日は何日？ พรุ่งนี้วันที่เท่าไร phrûŋ-níi wan-thîi thâw- rày プ̂ルンニ́ー ワンティ̂ー タ̂オラ̀イ	明日は17日。 พรุ่งนี้วันที่ 17 phrûŋ-níiwan-thîi sìp cèt プ̂ルンニ́ーワンティ̂ー スィッ̀(プ) ヂェッ̀(ト)
❸ 先月は何月？ เดือนที่แล้วเดือนอะไร dɯan thîi-lɛ́ɛw dɯan a-ray ドゥーワン ティ̂ーレ́ーオ ドゥーワン アライ	先月は7月。 เดือนที่แล้วเดือนกรกฎาคม dɯan-thîi-lɛ́ɛw dɯan kà-rá-kà-daa-khom ドゥーワンティ̂ーレ́ーオ ドゥーワン ガ̀ラ́ガ̀ダーコ(ム)
❹ 今日の日付は何ですか？ （年月日曜日） วันนี้วันเดือนปีอะไร wan-níi wan dɯan pii a-ray ワンニ́ー ワン ドゥーワン ピー アライ	例）2222年1月21日金曜日。 วันศุกร์ ที่ 21 เดือนมกราคม ปี 2222 wan sùk thîi yîi sìp èt dɯan má-ka-raa-khom pìi sɔ̌ɔŋ phan sɔ̌ɔŋ rɔ́ɔy yîi sìp sɔ̌ɔŋ ワン スッ̀(ク) ティ̂ー イ̂ースィッ̀(プ) エッ̀(ト) ドゥーワン マ́ガラーコ(ム) ピー ソ̌ーンパン ソ̌ーンロ́ーイ イ̂ースィッ̀(プ) ソ̌ーン
❺ ロイクラトンは何日？ ลอยกระทงวันที่เท่าไร lɔɔy-kra-thoŋ wan-thîi thàw-rày ロォーイグラトン ワンティ̂ー タ̀オラ̀イ	11日。 วันที่สิบเอ็ด wan thîi sìp èt ワン ティ̂ー スィッ̀(プ) エッ̀(ト)

6 父の日は何月？ วันพ่อเดือนอะไร wan phɔ̂ɔ dɯan a-ray ワン ポオー ドゥーワン アライ	12月。 เดือนธันวาคม dɯan than-waa-khom ドゥーワン タンワー コ(ム)
7 この季節は何の季節？ หน้านี้หน้าอะไร nâa níi nâa a-ray ナー ニー ナー アライ	ドリアンの季節。 หน้าทุเรียน nâa thú-rian ナー トゥリィーアン
8 この季節は何の季節？ ฤดูนี้ฤดูอะไร rɯ́-duu níi rɯ́-duu a-ray ルドゥー ニー ルドゥー アライ	雨季。 ฤดูฝน rɯ́-duu fǒn ルドゥー フォン

84

クイズ7-2 天気　解答

1

昨日	雨が降る
เมื่อวาน	ฝนตก
mûa-waan	fǒn tòk
ムゥ̂ーワワーン	フォ̌ントッ̀(ク)

例）昨日は雨が降った。
เมื่อวานฝนตก
mûa-waan fǒn tòk
ムゥ̂ーワワーン フォ̌ントッ̀(ク)

2

今日	いい天気（晴れ）
วันนี้	อากาศดี
wan-níi	aa-kàat dii
ワンニー́	アーガー̀ッ(ト) ディー

今日はいい天気（晴れ）。
วันนี้อากาศดี
wan-níi aa-kàat dii
ワンニー́　アーガー̀ッ(ト) ディー

☆日本のいい天気は曇りがない日、空が晴れている時ですが、タイでは一年中暑いので、タイのいい天気は、涼しくて気持ちがいいと感じる時です。

3

先月	寒い
เดือนที่แล้ว	หนาว
dɯan thîi-lɛ́ɛw	nǎaw
ドゥーワン ティ̂ーレエ́ーオ	ナ̌ーオ

先月は寒かった。
เดือนที่แล้วหนาว
dɯan thîi-lɛ́ɛw nǎaw
ドゥーワン ティ̂ーレエ́ーオ　ナ̌ーオ

4

今月	暑い
เดือนนี้	ร้อน
dɯan níi	rɔ́ɔn
ドゥーワン ニー́	ロオ́ーン

今月は暑い。
เดือนนี้ร้อน
dɯan níi rɔ́ɔn
ドゥーワン ニー́　ロオ́ーン

5

夏	蒸し暑い
ฤดูร้อน	ร้อนอบอ้าว
rɯ́-duu rɔ́ɔn	rɔ́ɔn òp-âaw
ル́ドゥー ロオ́ーン	ロオ́ーンオ̀ッ(プ) ア̂ーオ

夏は蒸し暑い。
ฤดูร้อนร้อนอบอ้าว
rɯ́-duu rɔ́ɔn rɔ́ɔn òp-âaw
ル́ドゥー ロオ́ーン　ロオ́ーンオ̀ッ(プ) ア̂ーオ

6

明日	雪が降る
พรุ่งนี้	หิมะตก
phrûŋ-níi	hì-má tòk
プル̂ンニー́	ヒ̀マ́ トッ̀(ク)

明日は雪が降る。
พรุ่งนี้หิมะตก
phrûŋ-níi hì-má tòk
プル̂ンニー́　ヒ̀マ́　トッ̀(ク)

8日目
心に残る自己紹介

自分の名前や国に加えて
自分が興味を持っていることや
感情を少し伝えたら
相手の印象に残るでしょう。

考えてみよう

名前以外の自己紹介には何がありますか？

名前の自己紹介

ชื่อ + ○○ + ค่ะ/ครับ

chûuw チュ̂ー 名前 / khâ/khráp カ̂/クラ́ッ(プ) 丁寧な語尾

名前は○○です。

自己紹介の文では、動詞を省略することが多いです。また、主語を省略することも多く、主語 ดิฉัน [di-chán ディチャ́ン]「私(女性)」、ผม [phǒm ポ̌(ム)]「私(男性)」を入れて自己紹介するのは、改まった場面が多いです。

タイの習慣では、名字ではなく下の名前で自己紹介します。

親しい間柄では、ニックネームで自己紹介することが多く、丁寧な語尾を外します。

タイでは親しい間柄では相手をいつもニックネームで呼ぶので、本名を知らないことも多いです。タイ人のニックネームには、「豚さん」「クジラさん」などの動物の名前や、「ピンクさん」「オレンジさん」などの色の名前、「ハナさん」「エルザさん」などの外国人ぽい名前など、様々あります。タイ人と付き合う時、ニックネームで呼ぶとより親しくなるので、おすすめです。

相手の名前を聞く時

คุณชื่ออะไร [khun chûuw a-ray クン チュ̂ー アライ] あなたの名前は何？

主語の使い分け

目上の人に พี่ [phîi ピ̂ー] あなた(兄・姉という意味)	三人称は เขา [kháw カ́オ] 彼・彼女
目下の人に น้อง [nɔ́ɔŋ ノオ́ーン] あなた(妹・弟という意味)	

สวัสดีครับ ชื่อเคนครับ
sa-wàt-dii khráp chʉ̂ʉ kheen khráp
サワッ(ト)ディー クラッ(プ)
チュー ケーン クラッ(プ)
こんにちは。名前はけんです。

คุณชื่ออะไรครับ
khun chʉ̂ʉ a-ray khráp
クン チュー アライ クラッ(プ)
あなたの名前は何ですか？

ชื่อกุ้งค่ะ
chʉ̂ʉ kûŋ khâ
チュー グン カ
名前はグンです。

87

国籍の自己紹介

เป็น	คนญี่ปุ่น	～は日本人です。
pen	khon yîi-pùn	
ペン	コンイ̂ープン	
は～です	日本人	

国を紹介する時、動詞 เป็น [pen ペン](は～です)」を使います。
「○○人」は คน [khon コン]「人+国名」で言います。

 タイ語では後ろから修飾し、「名詞+形容詞」の順になります。

国を聞く時、ประเทศอะไร [pra-thêet a-ray プラテ̂ーッ(ト) アライ]「何の国?」と聞きます。

คุณเป็นคนประเทศอะไร
[khun pen khon pra-thêet a-ray クン ペン コン プラテ̂ーッ(ト) アライ]
あなたは何(の国)人ですか?
(ประเทศ [pra-thêet プラテ̂ーッ(ト)]「国」は省略することもあります)

คุณเป็นคนประเทศอะไรครับ
khun pen khon pra-thêet a-ray khráp
クン ペン コン プラテ̂ーッ(ト) アライ クラ́ッ(プ)
あなたは何人ですか?
ผมเป็นคนญี่ปุ่นครับ
phǒm pen khon yîi-pùn khráp
ポ̌(ム) ペン コン イ̂ープン クラ́ッ(プ)
私は日本人です。

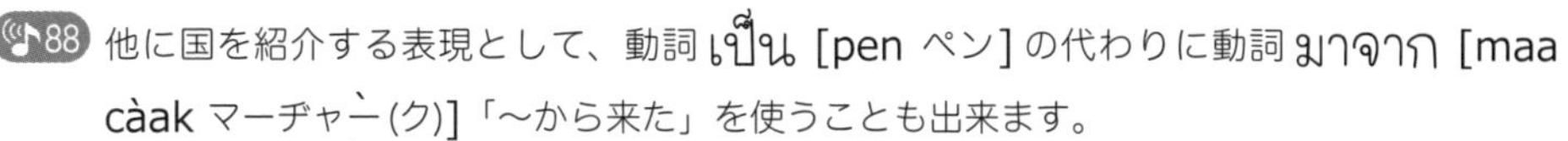
88 他に国を紹介する表現として、動詞 เป็น [pen ペン] の代わりに動詞 มาจาก [maa càak マーチャ̀ー(ク)]「〜から来た」を使うことも出来ます。
例）มาจากญี่ปุ่น [maa càak yîi-pùn マーチャ̀ー(ク) イ̂ープ̀ン]「日本から来た」

国名

ญี่ปุ่น yîi-pùn イ̂ープ̀ン 日本	ไทย thay タイ タイ	จีน ciin チーン 中国	เกาหลี kaw-lǐi ガオリ̌ー 韓国
อเมริกา a-mee-rì-kaa アメーリ̀ガー アメリカ	อังกฤษ aŋ-krìt アングリッ̀(ト) イギリス	ฝรั่งเศส fa-ràŋ-sěen ファラ̀ンセ̌ーン フランス	เยอรมัน yəə-ra-man ユーラマン ドイツ
สเปน sa-peen サペーン スペイン	อินเดีย in-dia インディーア インド	อินโดนีเซีย in-doo-nii-chia インドーニーチィーア インドネシア	เวียดนาม wîat-naam ウィ̂ーアッナーム ベトナム

他に、○○語や○○料理も同様に〈ภาษา [phaa-sǎa パーサ̌ー] ＋国名〉「〜語」、〈อาหาร [aa-hǎan アー ハ̌ーン] ＋国名〉「〜料理」になります。
例）ภาษาไทย [phaa-sǎa thay パーサ̌ー タイ]「タイ語」
　　อาหารญี่ปุ่น [aa-hǎan yîi pùn アーハ̌ーン イ̂ープ̀ン]「日本料理」

職業の自己紹介

เป็น	พนักงานบริษัท	อยู่ที่โตเกียว	～は東京の会社員です。
pen	pha-nák-ŋaan bɔɔ-ri-sàt	yùu thîi too-kiaw	
ペン	パナッ(ク) ンガーン ボォーリサッ(ト)	ユーティートーギィーアオ	
は～です	会社員	東京で	

職業を自己紹介する時、働いている場所を教えない場合は、〈เป็น [pen ペン]+職業名〉「職業名です」と言います。
どこで働いているのかを教えたい場合、อยู่ [yùu ユー]「～にいる / ある」を使って、後ろに会社名、場所名、国名などを置きます。

勤務先（の場所）を聞く

เป็นพนักงานบริษัทอยู่ที่ไหน [pen pha-nák-ŋaan bɔɔ-ri-sàt yùu thîi-nǎy ペン パナッ(ク)ンガーン ボォーリサッ(ト) ユーティーナイ]
どこの会社員ですか？

どこで働いているのかを聞きたい場合、อยู่ที่ไหน [yùu thîi-nǎy ユーティーナイ]「どこにいる？」を使います。

相手の職業を聞く

คุณทำงานอะไร [khun tham-ŋaan a-ray クン タ(ム)ンガーン アライ]
あなたの仕事は何ですか？

相手の職業を聞く時、動詞เป็น [pen ペン]を使わず、ทำงาน [tham-ŋaan タ(ム)ンガーン]「働く、仕事」を使います。

คุณทำงานอะไรครับ
khun tham-ŋaan a-ray khráp
クン タ(ム)ンガーン アライ クラッ(プ)
あなたの仕事は何ですか?
ผมเป็นนักศึกษา อยู่ที่โตเกียวครับ
phǒm pen pen nák-sùk-sǎa yùu thîi too-kiaw khráp
ポ(ム)ペン ペン ナッ(ク) スッ(ク) サーユー ティー トー ギィーアオ クラッ(プ)
私は東京での大学生です。

 職業名〈เป็น [pen ペン] + 職業名〉

พนักงานบริษัท pha-nák-ŋaan bɔɔ-ri-sàt パナッ́(ク)ンガーン ボォーリサッ̀(ト) 会社員	ครู/อาจารย์ khruu/aa-caan クルー / アーヂャーン 先生 / 講師	หมอ/แพทย์ mɔ̌ɔ/phɛ̂ɛt モォー̌/ペェー̂ッ(ト) 医者	ทหาร tha-hǎan タハー̌ン 軍人
ตำรวจ tam-rùat タムルーワッ̀(ト) 警察官	นางพยาบาล naaŋ pha-yaa-baan ナーンパヤーバーン 看護師	วิศวกร wít-sa-wa-kɔɔn ヴィ́サワゴォーン エンジニア	ล่าม lâam ラー̂ム 通訳

場所名〈อยู่ที่ [yùu thîi ユー̀ティー̂] + 場所名〉

ร้านอาหาร ráan aa-hǎan ラー́ンアーハー̌ン レストラン	สถานีรถไฟ sa-thǎa-nii rót fay サター̌ニーロッ́(ト) ファイ 駅	ธนาคาร tha-naa-khaan タナーカーン 銀行	โรงเรียน rooŋ-rian ローンリィーアン 学校
โรงพยาบาล rooŋ pha-yaa-baan ローンパヤーバーン 病院	โรงแรม rooŋ rɛɛm ローンレェー(ム) ホテル	ไปรษณีย์ pray-sa-nii プライサニー 郵便局	วัด wát ワッ́(ト) お寺

職業がない場合の表現には様々あります

เป็นนักศึกษา pen nák-sɯ̀k-sǎa ペン ナッ́(ク) スッ̀(ク)サー̌ 大学生･専門学校生です	ยังไม่ได้ทำงาน yaŋ mây dây tham-ŋaan ヤン マ̂イダ̂イタ(ム) ンガーン まだ働いていない	หางานทำอยู่ hǎa ŋaan tham yùu ハー̌ ンガーンタ (ム)ユー̀ 仕事を探している	เพิ่งจะเรียนจบ phə̂ŋ ca rian còp プ̂ンチャリィーアン ヂョッ̀(プ) 卒業したばかりです	พักผ่อนอยู่ phák phɔ̀ɔn yùu パッ́(ク)ポォ̀ーンユー̀ 休職中、休憩中

自己紹介で使う表現

タイの自己紹介では、「はじめまして」や「よろしくお願いします」の表現をあまり使いません。また、ยินดีที่ได้รู้จัก [yin-dii thîi dây rúu-càk インディー̂ ティー̂ダ̂イルー́ヂャッ̀(ク)]「はじめまして（nice to meet you）」という表現があり、外国人はよく使っていますが、タイ人はほとんど使いません。一方、後輩や新入社員としての自己紹介の時、ขอฝากเนื้อฝากตัวด้วย [khɔ̌ɔ fàak nɯ́a fàak tua dûay コォー̌ ファー̀(ク) ヌゥー́ワファー̀(ク) トゥーワ ドゥー̂ワイ]「よろしくお願いします」という表現を使うこともあります。タイの自己紹介では、自分の好みや趣味を言うことが多いです。

好みや趣味の自己紹介

ชอบ	กิน	ผัดไทย
chɔ̂ɔp	kin	phàt-thay
チォ̂ー(プ)	ギン	パッ̀(ト)タイ
好き	食べる	パッタイ

パッタイを食べるのが好き。

「○○が好き」と言いたい時、〈ชอบ [chɔ̂ɔp チォ̂ー(プ)] +○○〉を使います。○○は動詞を入れることもできます。

ผมชอบกินผัดไทยครับ
phǒm chɔ̂ɔp kin phàt-thay khráp
ポ̌(ム) チォ̂ー(プ) ギン パッ̀(ト) タイ クラッ́(プ)
僕はパッタイを食べるのが好きです。

ผมชอบกินข้าวมันไก่ครับ
phǒm chɔ̂ɔp kin khâaw-man-kày khráp
ポ̌(ム) チォ̂ー(プ) ギン カ̂ーオ マンガ̀イ クラッ́(プ)
僕はカーオマンガイを食べるのが好きです。

ชอบว่ายน้ำค่ะ
chɔ̂ɔp wâay-náam khâ
チォ̂ー(プ) ワ̂ーイナ́ー(ム) カ̂
泳ぐのが好きです。

ชอบร้องเพลงครับ
chɔ̂ɔp rɔ́ɔŋ phleeŋ khráp
チォ̂ー(プ) ロォ́ーン プレーン クラッ́(プ)
歌を歌うのが好きです。

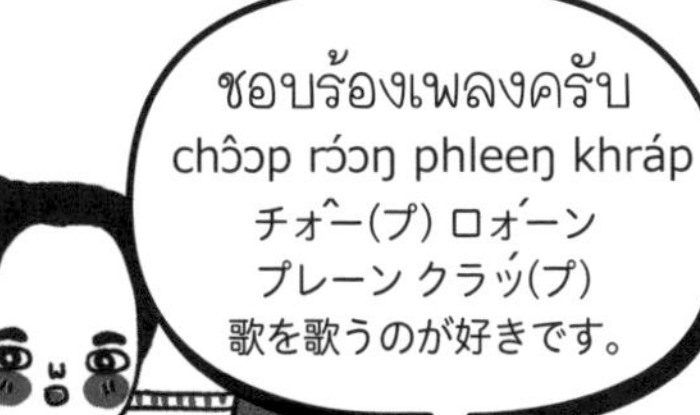

趣味の表現

ร้องเพลง rɔ́ɔŋ phleeŋ ロォ́ーンプレーン 歌を歌う	ตีกอล์ฟ tii kɔ́ɔf ティーゴォ́ー(フ) ゴルフをする	ว่ายน้ำ wâay náam ワ̂ーイナ́ーム 泳ぐ	เล่นเปียโน lên pia-noo レ̂ンピィーアノー ピアノを弾く
อ่านหนังสือ àan nǎŋ-sʉ̌ʉ ア̀ーンナ̌ンス̌ー 本を読む	ทำอาหาร tham aa-hǎan タ(ム)アーハ̌ーン 料理を作る	ท่องเที่ยว thɔ̂ŋ-thîaw ト̂ンティ̂ーアオ 旅行する	ดูหนัง duu nǎŋ ドゥーナ̌ン 映画を観る

93 嬉しいことを伝える

ดีใจที่ได้ มาเที่ยวเมืองไทย

dii-cay thîi dây　maa thîaw mɯaŋ-thay
ディーヂャイ ティ̂ー ダ̂イ　マーティ̂ーアオ ムゥーワンタイ
～ができて嬉しい　タイへ遊びに来る

タイへ遊びに来ることができて嬉しい。

「○○ができて嬉しいです」と言いたい時、〈ดีใจที่ได้ [dii-cay thîi dây ディーヂャイティ̂ーダ̂イ] +○○〉を使います。

ดีใจที่ได้มาเที่ยวเมืองไทย
dii-cay thîi dây maa thîaw mɯaŋ-thay
ディーヂャイ ティ̂ーダ̂イ マー ティ̂ーアオ ムゥーワン タイ
タイへ遊びに来ることができて嬉しい。
ดีใจที่ได้รู้จักกัน
dii-cay thîi dây rúu-càk kan
ディーヂャイ ティ̂ーダ̂イ ル́ーヂャッ(ク) ガン
知り合えて嬉しいです。

「○○できて嬉しい」○○に入る他の例

ไปเที่ยว +場所	รู้จักกัน	มาทำงานที่เมืองไทย	ร่วมงานกับคุณ
pay thîaw パイ ティ̂ーアオ （場所へ）遊びに行く	rúu-càk kan ル́ーヂャッ(ク) ガン 知り合えて	maa tham-ŋaan thîi mɯaŋ-thay マー タ(ム)ンガーン ティ̂ー ムゥーワンタイ タイへ働きに来て	rûam ŋaan kàp khun ルゥ̂ーワ(ム)ンガーン ガッ̀(プ) クン あなたと働けて

会社や学校など新人に便利な他の言葉

ขอฝากเนื้อฝากตัวด้วย	มีอะไรช่วยแนะนำด้วย
khɔ̌ɔ fàak nɯ́a fàak tua dûay コオ̌ー ファ̀ー(ク) ヌゥ́ーワ ファ̀ー(ク) トゥーワ ドゥ̂ーワイ よろしくお願いします。	mii a-ray chûay nɛ́-nam dûay ミー アライ チュ̂ーワイ ネ́ナ(ム) ドゥ̂ーワイ （分からないことがいっぱいあるので）よろしくお願いします。

フレーズのまとめ

ชื่อ ～ ค่ะ/ครับ
chʉ̂ʉ　khâ/khráp
チュ̂ー　カ̂/クラッ́(プ)

名前は～です。

เป็น คนญี่ปุ่น
pen　khon yîi-pùn
ペン　コンイ̂ープ̀ン

～は日本人です。

เป็น พนักงานบริษัท อยู่ที่โตเกียว
pen　pha-nák-ŋaan bɔɔ-ri-sàt　yùu thîi too-kiaw
ペン　パナッ́(ク)ンガーン ボォーリサッ̀(ト)　ユ̀ーティ̂ートーギィーアオ

～は東京の会社員です。

ชอบ กิน ผัดไทย
chɔ̂ɔp　kin　phàt-thay
チオ̂ー(プ)　ギン　パッ̀(ト) タイ

パッタイを食べるのが好き。

ดีใจที่ได้ มาเที่ยวเมืองไทย
dii-cay thîi dây　maa thîaw mʉaŋ-thay
ディーヂャイ ティ̂ーダ̂イ　マー ティ̂ーアオ ムゥーワンタイ

タイへ遊びに来ることができて嬉しい。

クイズ8 自己紹介

レベル ★★★☆☆
30点

以下の人をタイ語で紹介してみよう。

自己紹介する時、最初は挨拶 สวัสดีค่ะ/ครับ [sa-wàt-dii khâ/khráp サワッ̀(ト)ディーカ̂/クラッ́(プ)] をしてから、名前、職業などの順で進めます。終わりには、ขอบคุณค่ะ/ครับ สวัสดีค่ะ/ครับ [khɔ̀ɔp-khun khâ/khráp sa-wàt-dii khâ/khráp コォ̀ー(プ) クンカ̂/クラッ́(プ) サワッ̀(ト) ディーカ̂/クラッ́(プ)]「ありがとうございます」を言います。

丁寧な語尾 ค่ะ [khâ カ̂] / ครับ [khráp クラッ́(プ)] は、改まった場面や目上の人に対して使い、多すぎないように挨拶の最初と最後の文に入れるのをおすすめします。

☆主語は最初に言えば、全ての文で言う必要はありません。ただし、❺の文（できて嬉しいこと）では、誰の気持ちかが分かるため、主語を入れた方が分かりやすいです。

Ⓐ

❶ 名前 มีนา mii-naa ミーナー
❷ 国籍　タイ人
❸ 職業　ABC 病院の看護師
❹ 好きな事　旅行
❺ できて嬉しいこと　エジプトへ遊びに来る
(อียิปต์ [ii-yíp イーイ́ッ(プ)]　エジプト)

เขา [kháw] カ́オ 彼 / 彼女

❶ ชื่อ chʉ̂ʉ チュ̂ー ……………………

❷ เป็น pen ペン ……………………

❸ เป็น pen ペン ……………………

❹ ชอบ chɔ̂ɔp チョ̂ー(プ) ……………………

❺ ดีใจที่ได้ dii-cay thîi dây ディーヂャイ ティ̂ーダ̂イ

……………………

B

❶ 名前 ทอม thɔɔm トォーム
❷ 国籍　イギリス人
❸ 職業　A 会社の会社員
❹ 好きなこと　料理を作る
❺ できて嬉しいこと　タイ料理を食べる

เขา [kháw] カ́オ 彼 / 彼女

❶ ชื่อ chɯ̂ɯ チュ̂ー ……………………………………

❷ เป็น pen ペン ……………………………………

❸ เป็น pen ペン ……………………………………

❹ ชอบ chɔ̂ɔp チォ̂ー(プ) ……………………………………

❺ ดีใจที่ได้ dii-cay thîi dây ディーヂャイ ティ̂ーダ̂イ

……………………………………

C

あなた自身
❶ 名前
❷ 国籍
❸ 職業
❹ 好きなこと
❺ できて嬉しいこと

❶ ชื่อ chɯ̂ɯ チュ̂ー ……………………………………

❷ เป็น pen ペン ……………………………………

❸ เป็น pen ペン ……………………………………

❹ ชอบ chɔ̂ɔp チォ̂ー(プ) ……………………………………

❺ ดีใจที่ได้ dii-cay thîi dây ディーヂャイ ティ̂ーダ̂イ

……………………………………

なるほど・ざ・タイ ❽ お守り

●タイのお守りはどういう形？

お守りは実際に物として存在するので、所有していると安心感をもたらしますね。日本では願いにより様々な種類や形のお守りがありますね。タイにももちろん様々なお守りがあります。昔から戦争に行く人は自身を守るために、体に刺青を入れたり、お経を唱えてもらったり、命を守るお守りを持参したりしていました。現在は戦争がなくても、安心安全な生活を送るために、様々なお守りがあります。よく見かけるお守りの一つは、パーヤン(布製のお守り)です。家内安全から商売繁盛まで、幅広く願いを叶え、守ってくれるお守りで、色んな種類があり、家やお店の壁に貼ったりします。次は、珍しいもので、レッ(ク)ライ(黒っぽい隕石のような金属)です。これを持つ人は、刃物などの鋭いものから守られ、ピストルや爆弾などの火もつかないという伝説があります。最後は多くのタイ人が持っているお守り、プラクルーアン(仏像のお守り)です。1cmぐらいのものから、10cmぐらいのものまであり、ペンダントロケットに入れてネックレスとして身に付けます。仏像は、偉いお坊さんであったり、お寺に祀られている有名な仏像であったりします。

●タイのお守りは高い？

昔に作られたものや、災難から逃れられる有名なものは人気があり、車や家を買えるぐらいのとても高い値段がするものもあります。良いものなら多くは代々家族で受け継がれています。他には、自分の両親の写真をロケットに入れてお守りとして身に付ける人もいます。お守りは人間が孤独や不安になった時も一緒にいてくれるので、身に付けていると気持ちが安らぎますね。

トムヤム君の家
お守り
怖い！
通れない！
トムヤム君の猫
よその犬
トムヤム君の犬
あぁ、
あたしのお守りだ。

クイズ8 自己紹介　解答

94

A สวัสดีค่ะ/ครับ [sa-wàt-dii khâ/khráp サワ̀ッディーカ̂/クラ́ッ(プ)] こんにちは、

❶ 名前 ชื่อ [chɯ̂ɯ チュ̂ー]	彼女の名前はミナです。 เขาชื่อมีนาค่ะ/ครับ [kháw chɯ̂ɯ miinaa khâ/khráp カ́オ チュ̂ー ミーナー　カ̂/クラ́ッ(プ)]
❷ は~です。 เป็น [pen ペン]	彼女はタイ人です。 เขาเป็นคนไทย [kháw pen khon thay カ́オ ペン コン タイ]
❸ は~です。 เป็น [pen ペン]	ABC 病院の看護師です。 เป็นนางพยาบาลอยู่ที่โรงพยาบาลเอบีซี [pen naaŋ pha-yaa-baan yùu thîi rooŋ-pha-yaa-baan ee bii sii ペン ナーンパヤーバーン ユ̀ーティ̂ー ローンパヤーバーン エービースィー]
❹ 好き ชอบ [chɔ̂ɔp チオ̂ー(プ)]	旅行するのが好きです。 ชอบท่องเที่ยว [chɔ̂ɔp thɔ̂ŋ-thîaw チオ̂ー(プ) ト̂ンティ̂ーアオ]
❺ できて嬉しい ดีใจที่ได้ [dii-cay thîi dây ディーヂャイ ティ̂ーダ̂イ]	彼女はエジプトへ遊びに行くことができて嬉しいです。 เขาดีใจที่ได้ไปเที่ยวอียิปต์ค่ะ/ครับ [kháw dii-cay thîi dây pay thîaw ii-yìp khâ / khráp カ́オ ディーヂャイ ティ̂ー ダ̂イ パイ ティ̂ーアオ イ̀ージップ カ̂/クラ̀ッ(プ)]

ありがとうございます。

ขอบคุณค่ะ/ครับ　สวัสดีค่ะ/ครับ

[khɔ̀ɔp-khun khâ/khráp sa-wàt-dii khâ/ khráp

コオ̀ー(プ)クンカ̂/クラ́ッ(プ) サワ̀ッディーカ̂/クラ́ッ(プ)]

B สวัสดีค่ะ/ครับ [sa-wàt-dii khâ/khráp サワッディーカ̂/クラッ́(プ)] こんにちは、

❶ 名前 ชื่อ chʉ̂ʉ チュ̂ー	彼の名前はトムです。 เขาชื่อทอมค่ะ/ครับ [kháw chʉ̂ʉ thɔɔm khâ/khráp カ́オ チュ̂ー トォーム　カ̂/クラッ́(プ)]
❷ は〜です。 เป็น pen ペン	彼はイギリス人です。 เขาเป็นคนอังกฤษ [kháw pen khon aŋ-krìt カ́オ ペン コン　アングリッ̀(ト)]
❸ は〜です。 เป็น pen ペン	A 会社の会社員です。 เป็นพนักงานบริษัทอยู่ที่บริษัทเอ [pen pha-nák-ŋaan bɔɔ-ri-sàt yùu thîi bɔɔ-ri-sàt ee パナッ́(ク)ンガーン ボォーリサッ̀(ト) ユ̀ーティ̂ー ボォーリサッ̀(ト) エー]
❹ 好き ชอบ chɔ̂ɔp チォ̂ー(プ)	料理を作るのが好きです。 ชอบทำอาหาร [chɔ̂ɔp tham aa-hǎan チォ̂ー(プ) タ(ム) アーハ̌ーン]
❺ できて嬉しい ดีใจที่ได้ dii-cay thîi dây ディーヂャイ ティ̂ーダ̂イ	タイ料理を食べることができて嬉しいです。 เขาดีใจที่ได้กินอาหารไทยค่ะ/ครับ [kháw dii-cay thîi dây kin aa-hǎan thay khâ/khráp カ́オ ディーヂャイ ティ̂ーダ̂イギンアーハ̌ーンタイ　カ̂/クラッ́(プ)]

ありがとうございます。

ขอบคุณค่ะ/ครับ　สวัสดีค่ะ/ครับ

[khɔ̀ɔp-khun khâ/khráp sa-wàt-dii khâ/ khráp

コォ̀ー(プ)クンカ̂/クラッ́(プ) サワッ̀ディーカ̂/クラッ́(プ)]

Ⓒ สวัสดีค่ะ/ครับ [sa-wàt-dii khâ/khráp サワッディーカ̂/クラッ́(プ)] こんにちは、

❶ 名前 ชื่อ [chʉ̂ʉ チュ̂ー]	私の名前は○○です。 ดิฉัน/ผมชื่อ ○○ ค่ะ/ครับ [di-chán/phǒm chʉ̂ʉ ○○ khâ/khráp ディチャ́ン/ポ̌(ム) チュ̂ー ○○ カ̂/クラッ́(プ)]
❷ は〜です。 เป็น [pen ペン]	○○人です。 เป็นคน ○○ [pen khon ○○ ペン コン○○]
❸ は〜です。 เป็น [pen ペン]	○○の○○です。 เป็น ○○ อยู่ที่ ○○ [pen ○○ yùu thîi ○○ ペン ○○ ユ̀ーティ̂ー ○○]
❹ 好き ชอบ [chɔ̂ɔp チォ̂ー(プ)]	○○が好き。 ชอบ ○○ [chɔ̂ɔp ○○ チォ̂ー(プ) ○○]
❺ できて嬉しい ดีใจที่ได้ [dii-cay thîi dây ディーヂャイ ティ̂ーダ̂イ]	○○が出来て嬉しいです。 ดีใจที่ได้ ○○ ค่ะ/ครับ [dii-cay thîi dây ○○ khâ/khráp ディーヂャイ ティ̂ーダ̂イ ○○ カ̂/クラッ̀(プ)]

ありがとうございます。

ขอบคุณค่ะ/ครับ สวัสดีค่ะ/ครับ

[khɔ̀ɔp-khun khâ/khráp sa-wàt-dii khâ/ khráp

コォ̀ー(プ)クンカ̂ / クラッ́(プ) サワッ̀ディーカ̂ / クラッ́(プ)]

9日目
タイ人と友達になる

タイ人と仲良くなり、
楽しいことをもっと発見しよう。

考えてみよう

泊まっている場所を伝える時や、友達を遊びに誘う時には
何と言ったらいいですか？

来た目的を伝える

มา เที่ยว
maa マー thîaw ティ̂ーアオ
来る 観光する

観光で来た。

何のためにタイに来たかを伝えたい時、〈มา [maa マー] ＋目的〉と言います。
มาทำอะไร [maa tham a-ray マー タ(ム) アライ]「何のために来ましたか?」の質問に対して、มา [maa マー] ＋○○（目的）〉と来た目的を伝えます。

また〈มา [maa マー] ＋○○＋เหรอ [rə̌ə ル̌ー]〉「○○（目的）で来たの?」の質問に対して、「ใช่ [chây チャ̂イ] はい」または「ไม่ใช่ [mây-chây マ̂イチャ̂イ]「いいえ」と答えます。

 เหรอ [rə̌ə ル̌ー] は「～なの？」という意味の疑問詞です。

มาทำอะไรครับ
maa tham a-ray khráp
マー タ(ム) アライ クラ́ッ(プ)
何のために来ましたか?

มาเที่ยวครับ
maa thîaw khráp
マー ティ̂ーアオ クラ́ッ(プ)
観光で来ました。

มาทำงานเหรอครับ
maa tham-ŋaan rə̌ə khráp
マー タ(ム)ンガーン ル̌ークラ́ッ(プ)
お仕事で来たのですか?

ใช่ครับ
chây khráp
チャ̂イ クラ́ッ(プ)
はい、そうです。

มาทำงานครับ
maa tham-ŋaan khráp
マー タ(ム)ンガーン クラ́ッ(プ)
仕事で来ました。

目的を入れ替えて言ってみよう

เที่ยว thîaw ティ̂ーアオ 旅行する、観光する	ทำงาน tham-ŋaan タ(ム)ンガーン 仕事(働く)	เรียนภาษาไทย rian phaa-sǎa thay リィーアン パーサ̌ー タイ タイ語を習う
เยี่ยมเพื่อน yîam phɯ̂an イ̂ーア(ム) プゥ̂ーワン 友達に会う	ดูงาน duu ŋaan ドゥー ンガーン 仕事の見学で	ทัศนศึกษากับโรงเรียน thát-sa-ná-sɯ̀k-sǎa kàp rooŋ-rian タ́ッサナ́ス̀ッ(ク) サ̌ー ガ̀ッ(プ) ローンリィーアン 学校の用事で

滞在する期間を伝える

อยู่	5 วัน	5日間いる。
yùu ユ̀ー	hâa wan ハ̂ー ワン	
いる、存在する	5日間	

タイに何日間滞在するかを伝えたい時、〈อยู่ [yùu ユ̀ー]＋数＋日〉と言います。

อยู่(เมืองไทย)กี่วัน [yùu (mɯaŋ thay) kìi wan ユ̀ー(ムゥーワンタイ)ギ̀ーワン]「(タイに)何日間滞在しますか？」または、อยู่เมืองไทยนานไหม [yùu mɯaŋ-thay naan máy ユ̀ー ムゥーワンタイ ナーン マ́イ]「どのぐらいタイに滞在しますか？」の質問に対しての答えは、〈อยู่ [yùu ユ̀ー]＋数＋日〉です。

อยู่เมืองไทยนานไหมคะ
yùu mɯaŋ-thay naan máy khá
ユ̀ー ムゥーワンタイ ナーン マ́イ カ́
どのぐらいタイに滞在しますか？
อยู่ 1 ปีครับ
yùu nɯ̀ŋ pii khráp
ユ̀ー ヌ̀ン ピー クラ́ッ(プ)
一年間滞在します。
อาหารไทยอร่อยไหมคะ
aa-hǎan thay a-rɔ̀y máy khá
アーハ̌ーン タイ アロ̀イ マ́イ カ́
タイ料理はおいしいですか？
อร่อยครับ
a-rɔ̀y khráp
アロ̀イ クラ́ッ(プ)
おいしいです。

タイ人は外国人に会うと、よく「どの国の人ですか？」「旅行で来ましたか？」「何日間滞在しますか？」「どこに泊まっていますか？」などを聞きます。親しくなるための挨拶のようなものです。

挨拶でよく使われる他の表現

เมืองไทยสนุกไหม [mɯaŋ-thay sa-nùk máy ムゥーワンタイ サヌ̀ッ(ク) マ́イ]
タイが楽しいですか？

อาหารไทยอร่อยไหม [aa-hǎan thay a-rɔ̀y máy アーハ̌ーン タイ アロ̀イ マ́イ]
タイ料理は美味しいですか？

เมืองไทยร้อนไหม [mɯaŋ-thay rɔ́ɔn máy ムゥーワンタイ ロ́ーン マ́イ]
タイは暑いですか？

期間

วัน	เดือน	ปี	สัปดาห์/อาทิตย์
wan	dɯan	pii	sàp-daa / aa-thít
ワン	ドゥーワン	ピー	サ̀ッ(プ)ダー / アーティ́ッ(ト)
日	月	年	週

タイ人と友達になる

泊まっている場所を伝える

พักอยู่ที่	โรงแรมสบายซี่ซั่น
phák yùu thîi	rooŋ-rɛɛm sa-baay sii-sân
パ́ッ(ク) ユ̀ー ティ̂ー	ローンレェー(ム) サバーイ スィー サ̂ン
泊まっている	サバーイシーズンホテル

サバーイシーズンホテルに泊まっている。

พักอยู่ที่ไหน [phák yùu thîi-nǎy パ́ッ(ク) ユ̀ー ティ̂ーナ̌イ]「どこに泊まっていますか？」の質問に対して、答え方は〈พักอยู่ที่ [phák yùu thîi パ́ッ(ク) ユ̀ーティー] ＋泊っている場所名〉です。

会話の時、อยู่ [yùu ユ̀ー] または ที่ [thîi ティ̂ー] のどちらかを省略できます。

พักที่ไหน [phák thîi-nǎy パ́ッ(ク) ティ̂ーナ̌イ]

พักอยู่ไหน [phák yùu nǎy パ́ッ(ク) ユ̀ーナ̌イ]

พักอยู่ที่ไหนคะ
phák yùu thîi-nǎy khá
パ́ッ(ク) ユ̀ー ティ̂ー ナ̌イ カ́
どこに泊まっていますか？

พักอยู่ที่โรงแรมสบายซี่ซั่นครับ
phák yùu thîi rooŋ-rɛɛm sa-baay sii-sân khráp
パ́ッ(ク) ユ̀ー ティ̂ー ローンレェー(ム) サバーイ スィー サ̂ン クラ́ッ(プ)
サバーイシーズンホテルに泊まっています。

พักอยู่ที่ไหนคะ
phák yùu thîi-nǎy khá
パ́ッ(ク) ユ̀ー ティ̂ー ナ̌イ カ́
どこに泊まっていますか？

พักอยู่ที่บ้านคุณต้มยำครับ
phák yùu thîi bâan khun tôm-yam khráp
パ́ッ(ク) ユ̀ー ティ̂ー バ̂ーン クン ト̂(ム) ヤ(ム) クラ́ッ(プ)
トムヤムさんの家に泊まっています。

場所を入れ替えて○○に泊まっていると言ってみよう

กรุงเทพฯ	ถนนข้าวสาร	บ้านเพื่อน	โรงแรม ＋ ○○
kruŋthêep	tha-nǒn khâaw sǎan	bâan phɨ̂an	rooŋ-rɛɛm
グルンテ̂ープ	タノ̌ン カ̂ーオサ̌ーン	バ̂ーンプ̂ゥーワン	ローンレェー(ム)
バンコク	カオサン通り	友達の家	○○ホテル

経験を伝える

เคย ไปวัดโพธิ์

เคย	ไปวัดโพธิ์
khəəy	pay wát phoo
クゥーイ	パイ ワッ(ト) ポー
～したことがある	ワットポーに行く

ワットポーに行ったことがある。

「○○をしたことがある」と言いたい時は、〈เคย [khəəy クゥーイ] +○○ (+ แล้ว [lɛ́ɛw レエーオ])〉と言います。แล้ว [lɛ́ɛw レエーオ] は「もう」という意味で省略できます。

「○○をしたことがありますか？」と質問したい時は、疑問詞「 แล้วหรือยัง [lɛ́ɛw-rʉ̌ʉ-yaŋ レエーオ ルー ヤン] もう～したかまだか」を一緒に使うことが多いです。

会話の時、แล้ว [lɛ́ɛw レエーオ] または หรือ [rʉ̌ʉ ルー] のどちらかを省略して、แล้วยัง [lɛ́ɛw yaŋ レエーオヤン]「もうしたか」または หรือยัง [rʉ̌ʉ yaŋ ルーヤン]「あるいはまだか」にすることができます。
「～したことがある」は、〈เคย [khəəy クゥーイ] +○○ (+ แล้ว [lɛ́ɛw レエーオ])〉、「(まだ) ～したことがない」は〈(ยัง) ไม่เคย [(yaŋ) mây khəəy (ヤン)マイクゥーイ] + ○○〉です。ยัง [yaŋ ヤン]「まだ」は省略できます。

เคยไปวัดโพธิ์แล้วหรือยังคะ
khəəy pay wát phoo lɛ́ɛw-rʉ̌ʉ-yaŋ khá
クゥーイ パイ ワッ(ト) ポー
レエーオ ルー ヤン カ
ワットポーにもう行ったことがありますか？
เคยไปวัดโพธิ์แล้วครับ
khəəy pay wát-pho lɛ́ɛw khráp
クゥーイ パイ ワッ(ト) ポー
レエーオ クラッ(プ)
ワットポーにもう行ったことがあります。

เคยดูหนังไทยแล้วหรือยังคะ
khəəy duu nǎŋ thay lɛ́ɛw-rʉ̌ʉ-yaŋ khá
クゥーイ ドゥー ナ̌ン タイ レエ́ーオルー̌ヤン カ́
タイの映画をもう観たことがありますか？
ยังไม่เคยครับ
yaŋ mây khəəy khráp
ヤン マ̂イ クゥーイ クラッ́(プ)
まだないです。

他の経験〈เคย [khəəy クゥーイ] ＋経験（＋แล้ว [lɛ́ɛw レエ́ーオ]）〉

ไปวัดโพธิ์ pay wát phoo パイ ワッ́(ト) ポー ワットポーへ行く	นั่งรถตุ๊กๆ nâŋ rót túk-túk ナ̂ン ロッ́(ト) トゥッ́(ク) トゥッ́(ク) トゥックトゥックに乗る	กินส้มตำ kin sôm-tam ギン ソ̂(ム) タ(ム) ソムタムを食べる
ดูหนังไทย duu nǎŋ thay ドゥー ナ̌ンタイ タイの映画を観る	มาเมืองไทย maa mʉaŋ-thay マー ムゥーワンタイ タイに来る	ฟังเพลงไทย faŋ phleeŋ thay ファン プレーン タイ タイの歌を聴く

経験の回数を伝えたい時は、文末に置きます。〈เคย [khəəy クゥーイ]＋経験＋回数（＋แล้ว [lɛ́ɛw レエ́ーオ]）〉

ครั้งแรก khráŋ rɛ̂ɛk クラ́ン レエ̂ー(ク) 初めて	ครั้งที่ 2 khráŋ thîi sɔ̌ɔŋ クラ́ン ティ̂ー ソオ̌ーン 2回目	หลายครั้ง lǎay khráŋ ラ̌ーイ クラ́ン 何回も

＊初めての場合は แล้ว [lɛ́ɛw レエ́ーオ] を使いません。

例）เคยมาเมืองไทยหลายครั้ง [khəəy maa mʉaŋ-thay lǎay khráŋ クゥーイ マー ムゥーワンタイ ラ̌ーイ クラ́ン]　何回もタイに来たことがあります。

誘う

ไป ตลาดน้ำ กันไหม

ไป	ตลาดน้ำ	กันไหม
pay	ta-làat-náam	kan máy
パイ	タラ̀ーッ(ト)・ナ́ー(ム)	ガンマ́イ
行く	水上マーケット	一緒にしましょう

水上マーケットに一緒に行こう。

人を誘う時は、〈ไป [pay パイ] +○○+ กันไหม [kan máy ガン マ́イ]〉「一緒に○○に行こう」と言います。 答える時、行く場合は ไป [pay パイ]「行く」、行かない場合は「ไม่ไป [mây pay マ̂イ パイ]「行かない」と言います。

ไปตลาดน้ำกันไหมครับ
pay ta-làat-náam kan máy khráp
パイ タラ̀ーッ(ト)・ナ́ー(ム)
ガンマ́イ クラ́ッ(プ)
水上マーケットに
一緒に行きましょう。
ไปครับ
pay khráp
パイ クラ́ッ(プ)
行きます。

ห้างสรรพสินค้า

ไปซื้อของกันไหมคะ
pay sʉ́ʉ khɔ̌ɔŋ kan máy khá
パイ ス́ーコォ̌ーン ガンマ́イ カ́
買い物に一緒に行きましょう。

ไม่ไปค่ะ
mây pay khâ
マ̂イパイ カ̂
行きません。

他の活動〈ไป [pay パイ] +活動+ กันไหม [kan máy ガン マ́イ]〉

ตลาดน้ำ ta-làat-náam タラ̀ーッ(ト)・ナ́ー(ム) 水上マーケットに	กินข้าว kin khâaw ギン カ̂ーオ ご飯を食べに	ดูโชว์ duu choo ドゥー チョー ショーを観に	ดูหนัง duu nǎŋ ドゥー ナ̌ン 映画を観に
ตีกอล์ฟ tii kɔ́ɔf ティー ゴォ́ー(フ) ゴルフをしに	นวด nûat ヌウ̂ーワッ(ト) マッサージをしに	เที่ยวภูเก็ต thîaw phuu-kèt ティ̂ーアオ プー ゲ̀ッ(ト) プーケットに遊びに	ทะเล tha-lee タレー 海に
ปีนเขา piin kháw ピーンカ́オ 山に登りに	ซื้อของ sʉ́ʉ khɔ̌ɔŋ ス́ーコォ̌ーン 買い物をしに	ร้องคาราโอเกะ rɔ́ɔŋ khaa-raa-oo-kè ロォ́ーン カーラーオーゲ̀ カラオケを歌いに	ล่องเรือ lɔ̂ɔŋ rʉa ロォ̂ーン ルゥーワ 船に乗りに（娯楽）

意見を聞く

กินอะไร	กันดี
kin a-ray	kan dii
ギン アライ	ガンディー
何を食べる？	一緒にすればよい

何を食べたらいい？

相手の意見を聞く時、〈○○＋กันดี [kan dii ガンディー]〉「○○を一緒にすればいい？」と言います。

กันดี [kan dii ガンディー] の前には、「疑問詞」を置きます。置く疑問詞は、「どこ」「何」「いつ」などです。กัน [kan ガン] は省略できます。

กินอะไรกันดีคะ
kin a-ray kan dii khá
ギン アライ ガンディー ガ́
何を食べたらいいですか？

ไปเที่ยวที่ไหนดีครับ
pay thîaw thîi-nǎy dii khráp
パイ ティー̂アオ ティー̂ナ̌イディー クラップ́
どこに遊びに行ったらいいですか？

ไปซื้อของที่ไหนกันดีคะ
pay sɯ́ɯ-khɔ̌ɔŋ thîi-nǎy kan dii khá
パイ スー́コォー̌ン ティー̂ナ̌イ
ガンディー ガ́
どこに買い物に行ったらいいですか？

他の質問〈動詞＋疑問詞＋ กันดี [kan dii ガンディー]〉

กินอะไร kin a-ray ギン アライ 何を食べる？	ไปเที่ยวที่ไหน pay thîaw thîi-nǎy パイ ティー̂アオ ティー̂ナ̌イ どこで遊ぶ？	ซื้อของที่ไหน sɯ́ɯ-khɔ̌ɔŋ thîi-nǎy スー́コォー̌ン ティー̂ナ̌イ どこで買い物する？	ดูหนังเรื่องอะไร duu nǎŋ rɯ̂aŋ a-ray ドゥーナ̌ン ルー̂ワン アライ 何の映画を観る？
ฟังเพลงอะไร faŋ phleeŋ a-ray ファン プレーン アライ 何の歌を聴く？	ร้องเพลงอะไร rɔ́ɔŋ phleeŋ a-ray ロォー́ン プレーン アライ どの歌を歌う？	กินร้านไหน kin ráan nǎy ギン ラー́ン ナ̌イ どのお店で食べる？	ไปกี่โมง pay kìi-mooŋ パイ ギー̀モーン 何時に行く？

注意：動詞がない場合、กัน [kan ガン] は用いません。

กี่โมงดี [kìi mooŋ dii ギー̀モーン ディー] 何時がいいですか？
วันไหนดี [wan nǎy dii ワンナ̌イ ディー] どの曜日がいいですか？
ร้านไหนดี [ráan nǎy dii ラー́ンナ̌イディー] どのお店がいいですか？

比較して意見を言う（すすめる）

103

ไป	จตุจักร	ดีกว่า
pay	cà-tu-càk	dii-kwàa
パイ	ヂャトゥヂャッ(ク)	ディーグワー
行く	チャトゥチャック	～の方が良い

チャトゥチャックに行った方がいい。

何かと比べて意見を言いたい時、またおすすめしたい時、〈○○＋ ดีกว่า [dii-kwàa ディーグワー]〉「○○の方がいい」と言います。

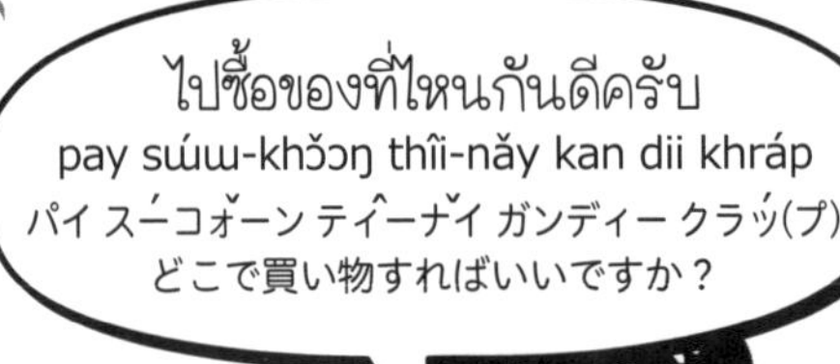

ไปซื้อของที่ไหนกันดีครับ
pay súɯ-khɔ̌ɔŋ thîi-nǎy kan dii khráp
パイ スーコォーン ティーナイ ガンディー クラッ(プ)
どこで買い物すればいいですか？
ไปจตุจักรดีกว่าค่ะ
pay cà-tu-càk dii-kwàa khâ
パイ ヂャトゥヂャッ(ク) ディーグワー カ
チャトゥチャック(の方) がいいです
(おすすめです)。
วันนี้กินอะไรกันดีคะ
wan-níi kin a-ray kan dii khá
ワンニー ギン アライ ガンディー カ
今日何を食べたらいいですか？
กินอาหารไทยดีกว่าครับ
kin aa-hǎan thay dii kwàa khráp
ギン アーハーン タイ ディーグワー クラッ(プ)
タイ料理(の方)がいいです
(おすすめです)。

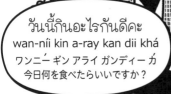

他の例

ตอนเช้าดีกว่า [tɔɔn cháw dii-kwàa トォーン チャオ ディーグワー] 午前の方がいいです。

วันนี้ดีกว่า [wan-níi dii-kwàa ワンニー ディーグワー] 今日の方がいいです。

สีขาวดีกว่า [sǐi khǎaw dii-kwàa スィー カーオ ディーグワー] 白い方がいいです。

แกงเขียวหวานดีกว่า [kɛɛŋ khǐaw-wǎan dii-kwàa ゲェーン キィーアオワーン ディーグワー] グリーンカレーの方がいいです。

フレーズのまとめ

มา เที่ยว
maa thîaw
マー ティ̂ーアオ

観光で来た。

อยู่ 5 วัน
yùu hâa wan
ユ̀ー ハ̂ー ワン

5 日間いる / 滞在する。

พักอยู่ที่ โรงแรม
phák yùu thîi rooŋ-rɛɛm
パッ(ク) ユ̀ーティ̂ー ローンレェー(ム)

ホテルに泊まっている。

เคย ไปวัดโพธิ์
khəəy pay wát phoo
クゥーイ パイ ワッ(ト) ポー

ワットポーへ行ったことがある。

ไป ตลาดน้ำ กันไหม
pay ta-làat-náam kan máy
パイ タラ̀ーッ(ト)・ナ́ー(ム) ガンマ́イ

水上マーケットに一緒に行こう。

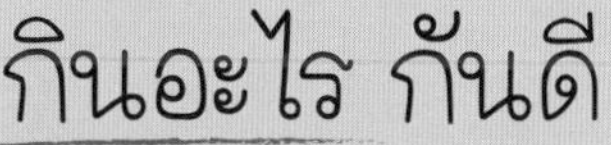

กินอะไร กันดี
kin a-ray kan dii
ギン アライ ガンディー

何を食べたらいい？

ไป จตุจักร ดีกว่า
pay cà-tu-càk dii-kwàa
パイ ヂャ̀トゥヂャ̀ッ(ク) ディーグワ̀ー

チャトゥチャックに行った方がいい。

クイズ9 目的の尋ね方と勧誘

レベル ★★★☆☆
24点

1. 吹き出しに当てはまる言葉を選んで入れましょう。(12点)

A 1 อาทิตย์ค่ะ [nùŋ aa-thít khâ ヌ̀ン アーティ́ッ(ト) カ̂]

B พักอยู่ที่โรงแรมค่ะ [phák yùu thîi rooŋ-rɛɛm khâ パ́ッ(ク) ユ̀ー ティ̂ー ローンレェー(ム) カ̂]

C มาเที่ยวค่ะ [maa thîaw khâ マー ティ̂ーアオ カ̂]

❶
มาทำอะไรที่เมืองไทยคะ
maa tham a-ray thîi mʉaŋ thay khá
マー タ(ム) アライ ティ̂ー ムゥーワンタイ カ́
....

❷
อยู่กี่วันคะ
yùu kìi wan khá
ユ̀ー ギ̀ー ワン カ́
....

❸
พักอยู่ที่ไหนคะ
phák yùu thîi-nǎy khá
パ́ッ(ク) ユ̀ー ティ̂ーナ̌イ カ́
....

2. 吹き出しに当てはまる言葉を選んで入れましょう。（12 点）

Ⓐ ไปหัวหินกันไหมครับ [pay hǔa-hǐn kan máy khráp
パイ フゥ̌ーワヒ̌ン ガンマ́イ クラ́ッ(プ)]

Ⓑ เคยไปหัวหินแล้วหรือยังครับ [khəəy pay hǔa-hǐn lɛ́ɛw-rɯ̌ɯ-yaŋ khráp
クゥーイ パイ フゥ̌ーワヒ̌ン レェ́ーオルー̌ヤン クラ́ッ(プ)]

Ⓒ ไปพัทยากันดีกว่าค่ะ [pay phát-tha-yaa kan dii-kwàa khâ
パイ パ́ッタヤー ガン ディーグワ̀ー カ̂]

❶
ยังไม่เคยไปค่ะ
yaŋ mây khəəy pay khâ
ヤン マ̂イクゥーイ パイ カ̂
เคยไปแล้วค่ะ
khəəy pay lɛ́ɛw khâ
クゥーイ パイ レェ́ーオ カ̂
❷
ไปค่ะ
pay khâ
パイ カ̂
ขอโทษค่ะ ไม่อยากไปค่ะ
khɔ̌ɔ-thôot khâ mây yàak pay khâ
コォ̌ートー̂ッ(ト) カ̂
マ̂イヤー̀(ク) パイ カ̂
❸
ไปเที่ยวที่ไหนกันดีครับ
pay thîaw thîi-nǎy kan dii khráp
パイ ティ̂ーアオ ティ̂ーナ̌イ
ガンディー クラ́ッ(プ)

なるほど・ざ・タイ ⑨ 物事の決め方

●物事を決められない時タイ人はどうする？

物事を決められない時、人に相談しようか迷うことが多いかと思います。タイでは、人に相談する以外に、占いに聞くことも多いです。今回紹介するのは、象の像を持ち上げる占い ยกช้างเสี่ยงทาย [yók cháaŋ sìaŋ thaay ヨッ(ク) チャーン スィーアン ターイ] です。やり方は、30cm ぐらいの金属製の象の像の横に座わり、女性は中指か薬指で、男性は薬指か小指で、象を２回持ち上げます。１回目が持ち上がり、２回目が持ち上がらなかった場合、願いが叶う、または相談事は「その通り」という意味になります。信じられないかもしれませんが、おみくじのように自分の進む道を後押ししてくれるので、人気があります。普段の生活で、友達と決められない時などは、日本だとじゃんけんをしますが、タイでは、長短の棒でくじ引きすることも多いです。自分の周りに木や糸などの細長いものがあれば、人数分に応じて長さをバラバラにしてから、一番長い人は○○をやる、などを事前に決め、引きます。

●タイのじゃんけんは日本と同じ？

また、タイにもじゃんけんがあり、日本と同じグー、チョキ、パーです。掛け声は「パオ イン チュッ(プ)」です。日本の「最初はグー」のような、準備するための言葉もあります。それは「ヤン イン ヤオ パッ(ク)ガパオ イン……… チュッ(プ)」です。「イン…」のところを長く言って準備します。機会があればやってみてはいかがでしょうか。

物事の決め方

短い棒と長い棒で
くじ引きをしよう。
あらま、
長いのを
引いちゃった。
あぁ、
あたしも長いわ。
あぁ、僕も長い。
え、誰も短い棒を
引かなかったね。
ない…
あぁ、短い棒を
作るのを忘れてた！
へへ

105

クイズ９ 目的の尋ね方と勧誘　解答

1. Ⓐ １週間です。 Ⓑ ホテルに泊まっています。 Ⓒ 遊びに来ました。

❶ 何をしに来ましたか？ มาทำอะไรคะ [maa tham a-ray khá マー タ(ム) アライ カ́]	Ⓒ 遊びに来ました。 มาเที่ยวค่ะ [maa thîaw khâ マー ティ̂ーアオ カ̂]
❷ 何日間滞在しますか？ อยู่กี่วันคะ [yùu kìi wan khá ユ̀ー ギ̀ー ワン カ́]	Ⓐ １週間です。 1 อาทิตย์ค่ะ [nùŋ aa-thít khâ ヌ̀ン アーティ́ッ(ト) カ̂]
❸ どこに泊まっていますか？ พักอยู่ที่ไหนคะ [phák yùu thîi-nǎy khá パ́ッ(ク) ユ̀ー ティ̂ーナ̌イ カ́]	Ⓑ ホテルに泊まっています。 พักอยู่ที่โรงแรมค่ะ [phák yùu thîi rooŋ-rɛɛm khâ パ́ッ(ク) ユ̀ー ティ̂ー ローンレェー(ム) カ̂]

2. Ⓐ ホワヒンへ行きましょうか。 Ⓑ ホワヒンへ行ったことがありますか。
Ⓒ パタヤへ行った方がいいです。

❶Ⓑ ホワヒンへ行ったことがありますか？ เคยไปหัวหินแล้วหรือยังครับ [khəəy pay hǔa-hǐn lɛ́ɛw-rʉ̌ʉ-yaŋ khráp クウーイ パイ フウ̌ーワヒ̌ン レェ́ーオルー̌ヤンクラ́ッ(プ)]	行ったことがないです。 ยังไม่เคยไปค่ะ [yaŋ mây khəəy pay khâ ヤン マ̂イクウーイ パイ カ̂]	行ったことがあります。 เคยไปแล้วค่ะ [khəəy pay lɛ́ɛw khâ クウーイ パイ レェ́ーオ カ̂]
❷Ⓐ ホワヒンへ行きましょうか？ ไปหัวหินกันไหมครับ [pay hǔa-hǐn kan máy khráp パイ フウ̌ーワヒ̌ン ガンマ́イ クラ́ッ(プ)]	行きます。 ไปค่ะ [pay khâ パイ カ̂]	すみません。行きたくないです。 ขอโทษค่ะ　ไม่อยากไปค่ะ [khɔ̌ɔ-thôot khâ mây yàak pay khâ コオ̌ートー̂ッ(ト) カ̂ マ̂イヤー̀(ク) パイ カ̂]
❸Ⓒ どこへ遊びに行ったらいいですか？ ไปเที่ยวที่ไหนกันดีครับ [pay thîaw thîi-nǎy kan dii khráp パイ ティ̂ーアオ ティ̂ーナ̌イ ガンディー クラ́ッ(プ)]	パタヤへ行った方がいいです。 ไปพัทยากันดีกว่าค่ะ [pay phát-tha-yaa kan dii-kwàa khâ パイ パ́ッタヤー ガン ディーグワ̀ー カ̂]	

10日目
気持ちを伝える

色々見たり聞いたりすると、
気持ちを伝えたくなりますよね。
また相手とのコミュニケーションができたら、
一層楽しいでしょう。
気持ちを伝えてみましょう。

考えてみよう

気持ちを伝える言葉には何がありますか？

具合を伝える

รู้สึก ไม่สบาย

rúu-sùk　mây sa-baay

ルースッ(ク)　マイ サバーイ

感じる　具合が悪い（元気がない）

具合が悪いと感じる。

自分が感じることを伝えたい時、〈รู้สึก [rúu-sùk ルースッ(ク)] + ○○〉「○○と感じる」と言います。または、เหมือนจะ [mʉ̌an cà ムゥーワン ヂャ]「～のようです」も言えます。

「～と感じる」と伝えたい時に รู้สึก [rúu-sùk ルースッ(ク)]「～と感じる」を使いますが、通常は「～と感じる」の言葉を使わずにそのまま気持ちや具合を伝えることが多いです。

เป็นอะไรครับ
pen a-ray khráp
ペン アライ クラッ(プ)
どんな具合ですか？

รู้สึกไม่สบายค่ะ
rúu-sùk mây sa-baay khâ
ルースッ(ク) マイサバーイ カ
元気がないと感じます。

เป็นอะไรคะ
pen a-ray khá
ペン アライ カ
どんな具合ですか？

เหมือนจะเป็นหวัดครับ
mʉ̌an ca pen wàt khráp
ムゥーワン ヂャ
ペン ワッ(ト) クラッ(プ)
風邪を引いたようです。

107 病状

รู้สึก [rúu-sùk] ルースッ(ク) 「〜と感じる」 と一緒に使うことがある		เหมือนจะ [mǔan cà] ムゥーワン ヂャ 「〜のようです」 と一緒に使うことがある	「〜を感じる」や 「〜のようです」とは 一緒にあまり使わない
ไม่สบาย mây sa-baay マイサバーイ 具合が悪い	เจ็บคอ cèp khɔɔ ヂェッ(プ) コォー 喉が痛い	เป็นหวัด pen wàt ペン ワッ(ト) 風邪を引く	คัน khan カン かゆい
ปวดหัว pùat hǔa プゥーワッ(ト) フゥーワ 頭が痛い	ปวดท้อง pùat thɔ́ɔŋ プゥーワッ(ト) トォーン お腹が痛い	มีไข้ mii khây ミー カイ 熱がある	เจ็บ cèp ヂェッ(プ) 痛い

ปวด [pùat プゥーワッ(ト)]：主に内的な要因で、体の中で痛みが続いている痛さの感覚
เจ็บ [cèp ヂェッ(プ)]：怪我や叩かれた時など、主に外的な要因による瞬間的な痛さの感覚
（คอ [khɔɔ コォー]「喉」は体の中ですが、例外的に เจ็บ [cèp ヂェッ(プ)] を使います）

具合や気持ちを伝える他の表現

หิว hǐu ヒウ お腹が空く	อิ่ม ìm イ(ム) お腹がいっぱい	เจ็บใจ cèp-cay ヂェッ(プ) ヂャイ 悔しい	เสียใจ sǐa-cay スイーア ヂャイ （期待外れで）悲しい	ยุ่ง yûŋ ユン 忙しい＊
เสียดาย sǐa-daay スイーアダーイ 残念な、もったいない	เบื่อ bɯ̀a ブゥーア つまらない・飽きる	เหงา ŋǎw ンガオ 寂しい	เศร้า sâw サオ （心が痛んで）悲しい	ว่าง wâaŋ ワーン 暇＊
ดีใจ dii-cay ディー ヂャイ 嬉しい	สนุก sa-nùk サヌッ(ク) 楽しい	เหนื่อย nɯ̀ay ヌゥーワイ 疲れる	คิดถึง khít thɯ̌ŋ キッ(ト) トゥン 恋しい＊	น่ารัก nâa rák ナー ラッ(ク) 可愛い＊＊

＊「忙しい」「暇」「恋しい」は自身の状況を伝える時には รู้สึก [rúu-sùk ルースッ(ク)] とあまり一緒に使いません。
＊＊「可愛い」は รู้สึก[rúu-sùk ルースッ(ク)] と一緒に使いません。
自分の気持ちを伝えたい時、〈気持ち＋ จังเลย [caŋ ləəy ヂャン ルゥーイ]「すごく〜」をよく使います。

รู้สึกหิว
rúu-sùk hǐu
ルースッ(ク) ヒウ
お腹が空いたと感じる。

ดีใจจังเลย
dii-cay caŋ ləəy
ディーヂャイ ヂャンルゥーイ
本当に嬉しい。

เหงาจังเลย
ŋǎw caŋ ləəy
ンガオヂャンルゥーイ
本当に寂しい。

呼応して相手の意見を聞く

เหรอ ดี ไหม

เหรอ	ดี	ไหม
rə̌ə	dii	máy
ルˇー	ディー	マ́イ
そう	良い / 良かった	～か？

そうか。
良かった？

相手の話への気持ちを表したい時、まず、呼応の เหรอ [rə̌ə ルˇー]「そう」を使って共感を表し、その後、自分の気持ちを伝えたり、相手の気持ちを聞いたりします。

相手の気持ちを聞きたい時に ไหม [máy マ́イ] の前に聞きたいことを入れても良いです。または、เป็นยังไงบ้าง [pen yaŋ-ŋay bâaŋ ペン ヤン・ンガイ バ̂ーン]「どうですか？」を使って気持ちを聞いても良いです。

พักที่โรงแรมครับ
phák thîi rooŋ-rɛɛm khráp
パ́ッ(ク) ティ̂ー ローンレェー(ム) クラ́ッ(プ)
ホテルに泊まっています。

เหรอคะ ดีไหมคะ
rə̌ə khá dii máy khá
ルˇーカ́ ディーマ́イカ́
そうですか。いいですか？

ดีครับ
dii khráp
ディー クラ́ッ(プ)
良かったです。

เคยนั่งรถตุ๊กๆแล้วครับ
khəəy nâŋ rót túk-túk lɛ́ɛw khráp
クゥーイ ナ̂ン ロ́ッ(ト) トゥ́ッ(ク) トゥ́ッ(ク)
レ́ーオ クラ́ッ(プ)
トゥックトゥックに乗ったことがあります。

เหรอคะ เป็นยังไงบ้างคะ
rə̌ə khá pen yaŋ-ŋay bâaŋ khá
ルˇーカ́ ペン ヤン・ンガイ バ̂ーン カ́
そうですか。どうですか？

สนุกครับ
sa-nùk khráp
サヌ̀ッ(ク) クラ́ップ
楽しいです。

呼応して同様の気持ちを伝える時のいろいろな表現

一緒に喜ぶ ดีจังเลย dii caŋ ləəy ディー ヂャンルゥーイ すごく良かった	理解できた เข้าใจแล้ว khâw cay lɛ́ɛw カ̂オヂャイ レ́ェーオ 分かった	褒める เก่งจังเลย kèŋ caŋ ləəy ゲ̀ン ヂャンルゥーイ すごく上手
慰める เสียใจด้วย sǐa cay dûay スィ̌ーアヂャイ ドゥ̂ーワイ 大変だね	応援する เป็นกำลังใจให้นะ pen kam-laŋ-cay hây ná ペン ガ(ム) ランヂャイ ハ̂イ ナ́ 応援するよ	อร่อยจังเลย a-rɔ̀y caŋ ləəy アロ̀イ ヂャン ルゥーイ すごくおいしい

注意する

ระวัง

ra-waŋ
ラワン

気を付けて！　注意！

誰かが危険な目に会いそうなとき、日本語ではよく「危ない！」と呼びかけますが、タイ語では ระวัง [ra-waŋ ラワン]「気を付けて」と呼びかけます。タイ語の「危ない、危険」は อันตราย [an-ta-raay アンタラーイ] と言い、通常呼びかけには用いません。

路上の看板には様々な注意用語があります

ระวังคนเดิน
ra-waŋ khon dəən　ラワン コンドゥーン
歩行者に注意

ระวังรถ
ra-waŋ rót　ラワン ロッ́(ト)
車に注意

รอเดี๋ยว
rɔɔ dǐaw　ロォー ディ̌ーアオ
ちょっと待って

หยุด
yùt　ユッ̀(ト)
止まれ・ストップ

111 ห้าม hâam ハ̂ー(ム) 禁止する

ห้ามสูบบุหรี่
hâam sùup bu-rìi
ハ̂ー(ム) ス̀ー(プ) ブリ̀ー
喫煙禁止

ห้ามจอด
hâam cɔ̀ɔt
ハ̂ー(ム) ヂォ̀ーッ(ト)
駐停車禁止

ห้ามเลี้ยว
hâam líaw
ハ̂ー(ム) リィ́ーアオ
曲り禁止

ห้ามเข้า
hâam khâw
ハ̂ー(ム) カ̂オ
入場禁止

ห้ามถ่ายรูป
hâam thàay rûup
ハ̂ー(ム) タ̀ーイ ル̂ー(プ)
写真撮影禁止

อย่า yàa ヤ̀ー ～をしないで

อย่าส่งเสียงดัง
yàa sòŋ sǐaŋ daŋ
ヤ̀ーソ̀ンスィ̌ーアンダン
大きい声・音を出さないで

อย่าจอดรถขวางทาง
yàa cɔ̀ɔt rót khwǎaŋ thaaŋ
ヤ̀ー ヂォ̀ーッ(ト) ロ́ッ(ト) クワ̌ーン ターン
邪魔な停め方で車を停めないで

112
色々な質問をする
ใคร
khray
クライ
誰？

疑問詞 ใคร [khray クライ]「誰？」は文頭にも文末にも置けます。
タイ語は語順が大事です。置く場所によって主語か目的語か単語の役割が変わります。
例）ใครไป [khray pay クライ パイ]「誰が行く？」
ไปกับใคร [pay kàp khray パイ ガ̀ッ(プ) クライ]「誰と行く？」

疑問詞を使った会話の例を見てみましょう

ใคร khray クライ 誰？	ทำอะไร tham a-ray タ(ム) アライ 何をする？	ที่ไหน thîi-nǎy ティ̂ーナ̌イ どこ？	ไปยังไง pay yaŋ-ŋay パイ ヤン・ンガイ どうやって行った？
คุณเคน khun kheen クン ケーン けん君	กินข้าวมันไก่ kin khâaw-man-kày ギン カ̂ーオマンガ̀イ カーオマンガイを食べる	ที่ร้าน thîi ráan ティ̂ー ラ́ーン お店で	นั่งรถไฟไป nâŋ rót fay pay ナ̂ン ロ́ッ(ト) ファイ パイ 電車で行った

เมื่อไร mɯ̂a-rày ムウ̂ーワラ̀イ いつ？	ทำไม tham-may タ(ム) マイ どうして？	กี่โมง kìi-mooŋ ギ̀ーモーン 何時？	เท่าไร thâw-rày タ̂オラ̀イ いくら？
ตอนเช้า tɔɔn cháaw トォーン チャ́ーオ 朝	เพราะว่าหิว phrɔ́-wâa hǐu プロォ́ッワ̂ー ヒ̌ウ お腹が空いたから	9 โมงเช้า kâw mooŋ cháaw ガオ モーンチャ́ーオ 朝 9 時	50 บาท hâa sìp bàat ハ̂ースィ̀ッ(プ) バ̀ーッ(ト) 50 バーツ

お祝いする

สุขสันต์ วันเกิด

สุขสันต์	วันเกิด
sùk-sǎn	wan kə̀ət
スッ(ク) サ̌ン	ワングーッ(ト)
幸せ	誕生日

誕生日おめでとう。

お祝いの言葉を言いたい時、สุขสันต์ [sùk-sǎn スッ(ク) サ̌ン] を使い、〈สุขสันต์ [sùk-sǎn スッ(ク)サ̌ン] ＋記念日〉と言います。

お正月の挨拶は สวัสดีปีใหม่ [sa-wàt dii pii-mày サワッ(ト) ディー ピー マ̀イ]「あけましておめでとうございます」です。

สุขสันต์วันเกิด คุณเคน
sùk-sǎn wan kə̀ət khun kheen
スッ(ク) サ̌ン ワングーッ(ト) クン ケーン
お誕生日おめでとう、けん君。
สวัสดีปีใหม่
sa-wàt dii pii-mày
サワッ(ト) ディー ピー マ̀イ
あけましておめでとうございます。

特別な日〈สุขสันต์ [sùk-sǎn スッ(ク)サ̌ン] ＋記念日〉

วันเกิด wan kə̀ət ワングーッ(ト) 誕生日	วันแม่ wan mɛ̂ɛ ワンメエ̂ー 母の日	วันพ่อ wan phɔ̂ɔ ワン ポォ̂ー 父の日
วันสงกรานต์ wan sǒŋ-kraan ワン ソ̌ングラーン タイのお正月 (水かけ祭り)	วันครบรอบแต่งงาน wan khróp rɔ̂ɔp tɛ̀ŋ-ŋaan ワン クロッ́(プ) ロォ̂ー(プ) テ̀ン・ンガーン 結婚記念日	วันครบรอบ ○○ wan khróp rɔ̂ɔp ○○ ワン クロッ́(プ) ロォ̂ー(プ) ○○ ○○記念日

114 他のお祝い表現

ยินดีด้วยที่สอบได้ [yin-dii dûay thîi sɔ̀ɔp dâay インディードゥーワイ ティー ソォー(プ) ダーイ]
合格おめでとう。

記念日以外のお祝いは ยินดีด้วยครับ [yin-dii dûay khráp インディー ドゥーワイ クラッ(プ)]「おめでとうございます」を使います。
「○○おめでとう」の場合は〈ยินดีด้วยที่ [yin-dii dûay thîi インディー ドゥーワイ ティー] + ○○〉と言います。

สอบได้ sɔ̀ɔp dâay ソォー(プ) ダーイ 合格する	เรียนจบ rian còp リィーアンヂョッ(プ) 卒業する	ได้งาน dây ŋaan ダイ ンガーン 就職する

「○○になりますように」の場合、〈ขอให้[khɔ̌ɔ hây コォーハイ] + ○○〉を使います。

ขอให้มีความสุข [khɔ̌ɔ hây mii khwaam sùk コォーハイ ミー クワー(ム)スッ(ク)]
幸せになりますように。

มีความสุข mii khwaam sùk ミー クワー(ム) スッ(ク) 幸せを持つ	สุขภาพแข็งแรง sùk-kha-phâap khɛ̌ŋ-rɛɛŋ スッ(ク) カ パー(プ) ケンレェーン 健康	หายไวๆ hǎay way way ハーイ ワイ ワイ 早く治る
สอบได้ sɔ̀ɔp dâay ソォー(プ) ダーイ 合格する	ได้มาเมืองไทยอีก dây maa mɯaŋ thay ìik ダイ マー ムゥーワンタイ イー(ク) またタイに来れる	เที่ยวให้สนุก thîaw hây sa-nùk ティーアオ バイ サヌッ(ク) 楽しく旅行・観光する

他の励ましの言葉

สู้ สู้ sûu sûu スースー 頑張れ	เป็นกำลังใจให้นะ pen kam-laŋ-cay hây ná ペン ガ(ム) ランヂャイ バイ ナ 応援するよ

ขอให้มีความสุข สุขภาพแข็งแรง
khɔ̌ɔ hây mii khwaam sùk
sùk-kha-phâap khɛ̌ŋ-rɛɛŋ
コォ̌ーハ̂イ ミー クワー(ム) スッ̀(ク)
スッ̀(ク) カパ̂ー(プ) ケ̌ンレェーン
幸せと健康になりますように。
ขอบคุณครับ
khɔ̀ɔp khun khráp
コォ̀ー(プ) クン クラッ́(プ)
ありがとうございます。

フレーズのまとめ

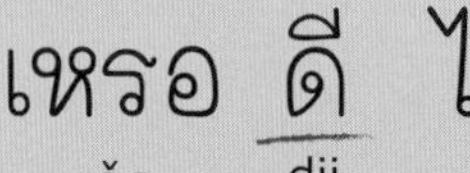

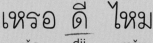

รู้สึก ไม่สบาย

rúu-sʉ̀k mây sa-baay

ルースッ(ク) マイ サバーイ

具合が悪いと感じる。

เหรอ ดี ไหม

rə̌ə dii mǎy

ルー ディー マイ

そうか。良い / 良かった？

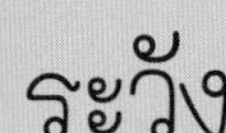

ระวัง

ra-waŋ

ラワン

気を付けて！　注意！

ใคร

khray

クライ

誰？

สุขสันต์ วันเกิด

sùk-sǎn wan kə̀ət

スッ(ク) サン ワングーッ(ト)

お誕生日おめでとう。

クイズ10-1 気持ちを伝える

レベル ★★★★★
25点

絵を見て、タイ語で気持ちを伝えてください。

❶ すごくおいしいと褒めたい時、タイ語で何と言いますか？

……………………………………

……………………………………

❷ 疲れたと感じる時、タイ語で相手に何と伝えますか？

……………………………………

……………………………………

❸「写真撮影禁止」はタイ語で何と言いますか？

……………………………………

……………………………………

❹「ちょっと待って」はタイ語で何と言いますか？

……………………………………

……………………………………

❺ 友達の誕生日にタイ語で何とお祝いしますか？

……………………………………

……………………………………

……………………………………

……………………………………

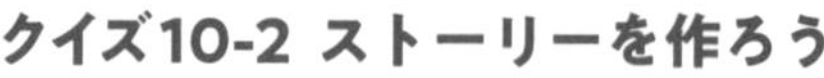

クイズ10-2 ストーリーを作ろう

レベル ★★★★★
24点

タイ語の文を作れるようになりましょう。例文を参考にして、表の中から単語を１つ選んで、いつ、誰が、何をする、どこで、の文章をタイ語で作ってください。

❶ เมื่อไร mûa-rày ムア̂ーワラ̀イ	例 今日 ……………… ………………	วันนี้ wan-níi ワン ニ́ー 今日	ตอนเช้า tɔɔn cháaw トォーンチャ́ーオ 朝	เมื่อวาน mûa-waan ムア̂ーワワーン 昨日
❷ ใคร khray クライ	グンちゃん ……………… ………………	เคน kheen ケーン けん君	กุ้ง kûŋ グ̂ン グンちゃん	ต้มยำ tôm yam ト̂(ム) ヤ(ム) トムヤム 君
❸ ทำอะไร tham a-ray タ(ム) アライ	本を読む ……………… ………………	ทำอาหารไทย tham aa-hǎan thay タ(ム) アーハ̌ーンタイ タイ料理を作る	อ่านหนังสือ àan nǎŋ-sʉ̌ʉ ア̀ーン ナ̌ンス̌ー 本を読む	ดูทีวี duu thii-wii ドゥー ティーウィー テレビを見る
❹ ที่ไหน thîi-nǎy ティ̂ーナ̌イ	公園で ……………… ………………	ที่บ้าน thîi bâan ティ̂バ̂ーン 家で	ที่โรงเรียน thîi rooŋ-rian ティ̂ ローン リィーアン 学校で	ที่สวนสาธารณะ thîi sǔan sǎa-thaa-ra-ná ティ̂ スǔーワン サ̌ーターラ́ナ 公園で

例文）วันนี้คุณกุ้งอ่านหนังสือที่สวนสาธารณะ
wan-níi khun kûŋ àan nǎŋ-sʉ̌ʉ thîi sǔan sǎa-thaa-ra-ná
ワンニ́ー クングン̂ ア̀ーン ナ̌ンス̌ー ティ̂ー スǔーワン サ̌ーターラ́ナ
今日グンちゃんは公園で本を読む。

……………………………………………………………………

……………………………………………………………………

……………………………………………………………………

なるほど・ざ・タイ ⑩ 縁起の良いお菓子

●タイの縁起の良いお菓子には何がある？

タイの縁起の良いお菓子は何でしょう。名前や形、色などで縁起が良いとされるお菓子があります。これらのお菓子は結婚式などでよく出されます。以前は多くの種類が出されましたが、現在は、縁起が良い数字の９にあやかって、９種類のお菓子が登場することが多いです。そのうちの１つ、ทองหยิบ [thɔɔŋ yìp トォーン イッ̀(プ)] というお菓子は、金のような黄色で、名前通りトォーン(金) とイッ(プ)(取る) で「お金持ちになる」という意味を持ちます。この他、เสน่ห์จันทร์ [sa-nèe can サネー ヂャ̀ン] というお菓子は、ヂャンという果物のように良い香りがあり、サネー(魅力) があって愛されるという意味を持ちます。

●菓子でも占いができる？

また、ขนมสามเกลอ [kha-nǒm sǎam kləə カ ̌ン(ム) サ ̌ー(ム)グ ル ー]、ขนมชะมด [kha-nǒm cha-mót カ ̌ン(ム) チャモ ́ッ(ト)]、ขนมละมุด [kha-nǒm la-mút カ ̌ン(ム) ラム ́ッ(ト)] という縁起の良い３種類のお菓子を用い、この夫婦が円満になるか、子供ができるかなどを占うこともあります！これらのお菓子は、３つの生地を小さく丸くしてから１つにくっつけて、小麦粉をつけて油で揚げて作ります。さて、ここから占いです。もし、３つがバラバラになったらこれからこの夫婦は別れるでしょう、もし、１つ外れて２つだけ残ったら子供ができないまたは簡単ではないでしょう、もし、３つともくっついたままであったら夫婦円満で子供もできるでしょう。お菓子で大事な将来を占うのは、緊張しますが、通常は３つが外れないように工夫されています。めでたし　めでたし。

縁起の良いお菓子

サムイ島にてキャンプファイヤー トムヤム君はボーイスカウトの「モォードゥー」の歌を歌っている。

モォー タ(ム) ナーイ ターイ
タッ(ク) ワー コンラッ(ク)
ガ(ム) ラン オッ(プ) ロッ(ム)
（占い師に運命の相手がキャンプにいると言われた。）

ミータ(ム) ニ ユー ティーナイ
（目立つところはどこにある？）

ミー ファイ ユー
ティー ナー
（顔にほくろがある。）

ミー ア ライ ボォー(ク) マー
（他に何かある？）

ミーター ミー
ヂャムー(ク)
（目があり　鼻があり）

占い師は当たり前のことを言っているだけなので当てにならない。鼻が目の下にあると言った方がもっと正確だ、という意味。

クイズ10-1 気持ちを伝える　解答

1 すごく美味しい。

อร่อยจังเลย

[a-rɔ̀y caŋ ləəy

アロイ チャンルゥーイ]

2 疲れたと感じる。

รู้สึกเหนื่อย

[rúu-sɯ̀k nɯ̀ay

ルースッ(ク) ヌゥーワイ]

3 撮影禁止。

ห้ามถ่ายรูป

[hâam thàay rûup

ハー(ム) ターイルー(プ)]

4 ちょっと待って。

รอเดี๋ยว

[rɔɔ dǐaw

ロォー ディーアオ]

5 誕生日おめでとう。

สุขสันต์วันเกิด

[sùk-sǎn wan kə̀ət

スッ(ク) サン ワングーッ(ト)]

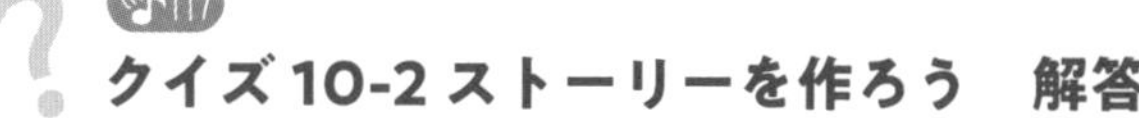

クイズ 10-2 ストーリーを作ろう　解答

❶ เมื่อไร mʉ̂a-rày ムウ̂ーワライ̀ いつ？	วันนี้ wan-níi ワン ニー́ 今日	ตอนเช้า tɔɔn cháaw トォーンチャ́ーオ 朝	เมื่อวาน mʉ̂a-waan ムウ̂ーワワーン 昨日
❷ ใคร khray クライ 誰が？	เคน kheen ケーン けん君	กุ้ง kûŋ グ̂ン グンちゃん	ต้มยำ tôm yam ト̂(ム) ヤ(ム) トムヤム君
❸ ทำอะไร tham a-ray タ(ム) アライ 何をする？	ทำอาหารไทย tham aa-hǎan thay タ(ム) アーハ̌ーンタイ タイ料理を作る	อ่านหนังสือ àan nǎŋ-sʉ̌ʉ アー̀ン ナ̌ンス̌ー 本を読む	ดูทีวี duu thii-wii ドゥー ティーウィー テレビを見る
❹ ที่ไหน thîi-nǎy ティ̂ーナ̌イ どこで？	ที่บ้าน thîi bâan ティ̂バ̂ーン 家で	ที่โรงเรียน thîi rooŋ-rian ティ̂ ローン リィーアン 学校で	ที่สวนสาธารณะ thîi sǔan sǎa-thaa-ra-ná ティ̂ ス̌ーワン サ̌ーターラナ́ 公園で

解答の例） เมื่อวานเคนทำอาหารไทยที่บ้าน
[mʉ̂a-waan kheen tham aa-hǎan thay thîi bâan
ムウ̂ーワワーン ケーン タ(ム) アーハ̌ーン タイ ティ̂ー バ̂ーン]
昨日けん君は家でタイ料理を作った。

MEMO

難波江 ティチャー（なばえ・てぃちゃー）

▶タイ国立ラムカムヘン大学教育学部タイ語教育学科卒業。タイ国立ナレスワン大学経営学部卒業。早稲田大学大学院商学研究科科目履修生、立正大学大学院経営研究学科修士課程（MBA）修了。タイと日本での企業勤務を経て、専門学校でタイ語講師を務める。

◉── 収録音声　ナレーター
コースィット・ティップティエンポン、
那和 勉成、シリワン・ピタウェイ、難波江 ティチャー
遠近孝一、五十嵐由佳
◉── カバーデザイン　神谷利男デザイン株式会社 (大平 聡美)
◉── DTP・本文図版　神谷利男デザイン株式会社 (發知 明日香)
◉── 本文イラスト　マナンヤー・トゥンヤイ

[音声DL付] 10日で学ぶ はじめてのタイ語

2024年 3月 25日　初版発行

著者	**難波江 ティチャー**
発行者	内田 真介
発行・発売	ベレ出版 〒162-0832 東京都新宿区岩戸町12 レベッカビル TEL.03-5225-4790 FAX.03-5225-4795 ホームページ https://www.beret.co.jp/
印刷	三松堂株式会社
製本	根本製本株式会社

ISBN 978-4-86064-758-2 C2087　編集担当　大石裕子